भक्ति के भक्त रामकृष्ण परमहंस

सरश्री द्वारा रचित श्रेष्ठ पुस्तकें

1. इन पुस्तकों द्वारा आध्यात्मिक विकास करें

- निःशब्द संवाद का जादू - जीवन की 111 जिज्ञासाओं का समाधान
- रहस्य नियम - प्रेम, आनंद, ध्यान, समृद्धि और परमेश्वर प्राप्ति का मार्ग
- स्वयं का सामना - हरक्युलिस की आंतरिक खोज
- The मन - कैसे बने मन : नमन, सुमन, अमन और अकंप
- कर्म का क़ानून - कर्मजीवन सरश्री और आप
- ध्यान नियम - ध्यान योग नाइन्टी
- कैसे लें ईश्वर से मार्गदर्शन - जो कर हँसकर कर
- सद्गुरु नानक - साधना रहस्य और जीवन चरित्र
- ए टू ज़ेड 26 सबक - 26 Lessons of life
- पहले राम फिर काम - भक्ति शक्ति रामायण पथ
- संत ज्ञानेश्वर - समाधि रहस्य और जीवन चरित्र
- शिष्य उपनिषद् - कथाएँ गुरु और शिष्य साक्षात्कार कीं

2. इन पुस्तकों द्वारा स्वमदद करें

- विकास नियम - आत्मविकास द्वारा संतुष्टि पाने का राज़
- मोह, अहंकार और बोरडम से मुक्ति - सूक्ष्म विकारों पर विजय
- भय, चिंता और क्रोध से मुक्ति - स्थूल विकारों से मुक्ति
- नींव नाइन्टी - नैतिक मूल्यों की संपत्ति
- स्वसंवाद का जादू - अपना रिमोट कंट्रोल कैसे प्राप्त करें
- संपूर्ण लक्ष्य - संपूर्ण विकास कैसे करें
- संपूर्ण सफलता का लक्ष्य
- निर्णय और ज़िम्मेदारी - वचनबद्ध निर्णय और ज़िम्मेदारी कैसे लें
- आलस्य से मुक्ति के 7 क़दम
- असफलता का मुक़ाबला - क़ाबिलियत रहस्य

3. इन पुस्तकों द्वारा हर समस्या का समाधान पाएँ

- स्वास्थ्य के लिए विचार नियम - मनः शक्ति द्वारा तंदुरुस्ती कैसे पाएँ
- सुनहरा नियम - रिश्तों में नई सुगंध
- स्वीकार का जादू - तुरंत खुशी कैसे पाएँ
- समय नियोजन के नियम - समय संभालो, सब संभलेगा

4. इन आध्यात्मिक उपन्यासों द्वारा जीवन के गहरे सत्य जानें

- मृत्यु पर विजय मृत्युंजय
- जीवन की नई कहानी मृत्यु के बाद - G1 का पारटू एक कहानी से सीखें
- बच्चों का विकास कैसे करें - एक कहानी से सीखें

भक्ति के भक्त
रामकृष्ण परमहंस

बेस्टसेलर पुस्तक **'विचार नियम'** के रचनाकार

सरश्री

MANJUL

मंजुल पब्लिशिंग हाउस

MANJUL

मंजुल पब्लिशिंग हाउस

कॉरपोरेट एवं संपादकीय कार्यालय

• द्वितीय तल, उषा प्रीत कॉम्प्लेक्स, 42 मालवीय नगर, भोपाल-462003

विक्रय एवं विपणन कार्यालय

• सी-16, सेक्टर 3, नोएडा, उत्तर प्रदेश - 201301, इंडिया

वेबसाइट : www.manjulindia.com

वितरण केन्द्र

अहमदाबाद, बेंगलुरू, कोच्चि, कोलकाता, चेन्नई,
हैदराबाद, मुम्बई, नई दिल्ली, पुणे

भक्ति के भक्त रामकृष्ण परमहंस

तेजज्ञान ग्लोबल फ़ाउंडेशन एक चैरिटेबल संस्था है
जिसका मुख्यालय पुणे, भारत में स्थित है

यह हिन्दी संस्करण 2017 में पहली बार प्रकाशित
10वीं आवृत्ति 2026

ISBN 978-81-8322-785-8

मुद्रण व जिल्दसाज़ी : रेप्रो इंडिया लिमिटेड

सरश्री तेजपारखी इस पुस्तक के लेखक होने की
नैतिक ज़िम्मेदारी वहन करते हैं।

यह पुस्तक समर्पित है,
तोतापुरी महाराज को
जिन्होंने अपने शिष्य को अद्वैत
का ज्ञान दिया और
स्वयं भक्ति प्राप्त की।

अनुक्रम

प्रस्तावना

भक्ति के भक्त कैसे बनें

'सत-चित-आनंद के पेड़ पर अनेक राम और अनेक कृष्ण मौजूद हैं। उनमें से दो-चार भी पृथ्वी पर आते हैं तो आध्यात्मिक क्रांति होती है।' भक्ति में सराहना करते हुए श्री रामकृष्ण परमहंस कहा करते थे। ऐसी सराहना केवल भक्ति का भक्त ही कर सकता है। श्री रामकृष्ण परमहंस भक्ति के भक्त थे, हैं और रहेंगे। भक्ति का महत्त्व समझने के लिए आइए एक कल्पनिक कहानी पढ़ते हैं।

एक बार भक्ता (भक्ति) और पवित्रा (पवित्रता) नाम की दो सहेलियों में इस बात को लेकर चर्चा हुई कि दोनों में से श्रेष्ठ कौन है? भक्ता ने कहा कि 'पवित्रा श्रेष्ठ है' और पवित्रा ने कहा कि 'भक्ता श्रेष्ठ है।'

आम तौर पर यही देखा जाता है कि लोग स्वयं को दूसरों से श्रेष्ठ साबित करने के लिए वाद-विवाद करते हैं मगर यहाँ तो भक्ता और पवित्रा एक-दूसरे को श्रेष्ठ साबित करने के लिए वाद-विवाद कर रही थीं।

इस वाद-विवाद से कोई उचित नतीजा निकलता न देख, वे दोनों 'क्षमाशांति' के पास गईं और पूछा, 'हम दोनों एक-दूसरे को श्रेष्ठ मानते हैं, अब आप ही बताएँ कि हम दोनों में से श्रेष्ठ कौन है?' इस सवाल पर क्षमाशांति ने दो जवाब दिए।

पहले जवाब में क्षमाशांति ने कहा, 'क्षमा करें, आप दोनों ग़लत हैं। श्रेष्ठ वह होता है, जो सामनेवाले को श्रेष्ठ कहता है। इस तरह आप

दोनों एक-दूसरे को श्रेष्ठ कहकर स्वयं श्रेष्ठ हो गईं, जिसका अर्थ है, आप ग़लत हैं।'

दूसरे जवाब में क्षमाशांति ने कहा, 'माफ़ करना, मेरा पहला जवाब अधूरा था। दरअसल आप दोनों सही हैं, श्रेष्ठ हैं। क्योंकि सामनेवाले को श्रेष्ठ कहकर आप दोनों वाक़ई में श्रेष्ठ हो गईं।' भक्ता और पवित्रा को ये दोनों जवाब पसंद आए इसलिए उन्होंने क्षमाशांति से कहा, 'हमसे अधिक तो आप श्रेष्ठ हैं।'

इस तरह एक नया प्रश्न उठ खड़ा हुआ कि अब इन तीनों में से किसे श्रेष्ठ कहा जाए। इसका जवाब पाने के लिए ये तीनों ज्ञानदेव के पास गईं।

ज्ञानदेव ने कहा, 'आप तीनों में से कौन श्रेष्ठ है, इसका जवाब तो मुझे नहीं पता लेकिन मुझे यह ज़रूर पता है कि भक्ता, पवित्रा और क्षमाशांति को मिलाकर एक विशेष त्रिकोण बनता है। मेरा अनुभव कहता है कि भक्ति, ज्ञान के पार की अवस्था है। इस भक्ति ने ही मुझे बदला है। ज्ञान प्राप्त करके लोग निराकार की बातें तो करते हैं लेकिन वे यह समझ नहीं पाते कि निराकार का अनुभव प्राप्त करने के बाद भी भक्ति क्यों संभव हो पाती है और ज्ञान के पार उन्होंने ऐसा क्या देखा कि भक्ति ही उनका अनुभव बन गई।'

ज्ञान के इस जवाब से आपने क्या समझा? **सत्य के प्यासे के लिए भक्ति रास्ता भी है, मंज़िल भी है और मंज़िल के पार का निर्वाण भी है।** इसलिए भक्ति बहुत महत्त्वपूर्ण है और सदियों से इसकी महिमा गाई जा रही है। ज्ञान भी भक्ति की महिमा गा रहा है। **भक्ति की सबसे बड़ी ख़ूबसूरती यह है कि सत्य प्राप्ति के हर मार्ग पर अंत में केवल भक्ति ही बचती है।**

इसी भक्ति से सराबोर था श्री रामकृष्ण परमहंस का जीवन। दक्षिणेश्वर में स्थित कालीमाता मंदिर के पुजारी श्री रामकृष्ण परमहंस भक्ति के भी भक्त बन गए थे।

भक्ति का भक्त बनने के लिए आपको भक्ति की ऊँचाइयाँ समझ में आनी चाहिए, जिसे आप रामकृष्ण परमहंस के महान जीवन से जान पाएँगे।

श्री रामकृष्ण परमहंस, हुगली ज़िले के एक छोटे से गाँव कामारपुकुर से कोलकाता रोज़गार के लिए भाई के पास आए थे। लेकिन उन्हें रोज़गार से अधिक काली माँ के चरणों में संतुष्टि महसूस होती थी। माँ काली के सामने वे जिस भावातीत अवस्था में बैठते थे, वह किसी अभ्यास या तप-जप से प्राप्त नहीं हुई थी। इसका अनुभव तो उन्हें छह वर्ष की अवस्था में ही हो गया था और तभी से वे भक्ति के रंग में रंग गए थे।

मंदिर में जब रामकृष्ण परमहंस पूजा करते तो मन ही मन में काली माता के रूप में ईश्वर के बारे में ही सोचते रहते। ईश्वर को अपनी आँखों से देखने की इच्छा करते और हर दिन माता से प्रार्थना में यही कहते, 'माते, आज भी आपके दर्शन नहीं हो पाए।' इसी तरह कई दिन, कई महीने बीत गए और एक दिन माँ काली ने उन्हें दर्शन दिया। उसके बाद रामकृष्ण परमहंस सत्यसाधना और स्वअनुभूति का प्रयास रहित प्रसार करने में लग गए। दक्षिणेश्वर दर्शन के लिए आनेवाले हर धर्म और पंथ के लोगों से वे निर्बोध बालक की तरह चर्चा करते। इस तरह उन्होंने मुस्लिम और ईसाई धर्मों का भी ज्ञान प्राप्त कर लिया।

रामकृष्ण परमहंस भाव में जीते यानी हृदय के तल पर रहते थे। वे जब भी कहीं बैठते थे या भजन सुनते थे तो तुरंत भाव समाधि में चले जाते थे। वे रास्ते पर भी यदि किसी की बातचीत सुन रहे हों और कोई 'जय माता या जय श्रीराम' भी कहे तो वे समाधि में चले जाते थे। उनका जीवन केन्द्र पर केन्द्रित था। उन्हें अपने जीवन का उद्देश्य भी पता था। इसीलिए वे आजीवन कालीमाता की भक्ति और सराहना कर पाए।

संसार में रहकर, सारे कार्य करते हुए भी इंसान सहजता से भक्ति कैसे कर सकता है, इसके लिए रामकृष्ण परमहंस ने संसारी लोगों के लिए यह भक्ति सूत्र दिया कि **'आप अपना एक हाथ ईश्वर के हाथ में दे दें और दूसरे हाथ से काम करें। जब दिन के अंत में आपके सारे काम समाप्त हो**

जाते हैं, तब अपना दूसरा हाथ भी ईश्वर को दे दें।' अगर इस भक्ति सूत्र को ही जीवन का लक्ष्य बना लिया जाए तो न संसार बहाना बनेगा... न शादी बहाना बनेगी... न बच्चे... न ऑफ़िस... और न आजीविका बहाना बनेगी। फिर माया से संबंधित कोई भी चीज़ आपको भक्ति करने से रोक नहीं पाएगी।

रामकृष्ण परमहंस की बातों में दुनियादारी की मिलावट नहीं होती थी। वे जो भी बोलते, वह सीधे उनके अंदर से निकलता था। जीवन के अंतिम समय तक वे लोगों को कभी हास्य तो कभी गंभीरता से संकेत देते रहते थे, ताकि लोग यह सीख सकें कि इंसान को सत्य की खोज या खुदाई कैसे करनी है, कैसे उनके भीतर भक्ति जाग्रत होगी। वे हमेशा विश्वास, ज्ञान, कर्म, आनंद की ओर इशारा करते रहे।

इस पुस्तक में श्री रामकृष्ण परमहंस के जीवन की कुछ प्रेरक घटनाओं, उनकी निष्कपट भक्ति और शिक्षाओं का वर्णन करने का प्रयास किया गया है। रामकृष्ण परमहंस के जीवन के बारे में जानकर आपको पता चलेगा कि एक जीवन महाजीवन कैसे बनता है और उसके संपर्क में आनेवाले लोग किस चेतना को प्राप्त करते हैं। रामकृष्ण परमहंस की यह जीवनी पढ़कर आप भी भक्ति के भक्त बन जाएँ, यही शुभेच्छा है।

...सरश्री

खण्ड 1

गदाधर की मासूम भक्ति

1

बचपन की पहली प्रार्थना

बंगाल के हुगली जिले के एक छोटे से गाँव कामारपुकुर में रहनेवाले खुदीराम और चंद्रमणि की राम मिलाई जोड़ी थी। वे दोनों भी प्रभु श्रीराम के बड़े भक्त थे। ईश्वर के प्रति उनकी भक्ति सिर्फ़ वाणी में नहीं बल्कि क्रिया में भी थी। चंद्रमणि रात में अपने पड़ोस में यह देखने जाती थीं कि सबको खाना मिला है या नहीं। अगर इंसान के मन को यह चेक करने की भूमिका दे दी जाए कि अड़ोस-पड़ोस में सबने खाना खाया या नहीं तो वह कभी सत्य पाने में बाधा नहीं बनेगा। वरना ईश्वर (अनुभव, प्रेम) है या नहीं है, इंसान यह चेक कर-करके ईश्वर (प्रेम) को खो देता है।

आम तौर पर एक महिला केवल अपने परिवार के लोगों के भरण-पोषण के बारे में सोचती है लेकिन चंद्रमणि को तो आस-पड़ोस के सभी लोगों के भरण-पोषण के विचार आते थे। वे सबके बारे में सोचती थीं, यह उनका गुण था, स्वभाव था।

चंद्रमणि और खुदीराम को रामेश्वर और रामकुमार नाम के दो बेटे और कात्यानी नाम की एक बेटी थी। 17 फ़रवरी 1836 को चंद्रमणि ने अपनी चौथी संतान को जन्म दिया। उसका नाम 'गदाधर' रखा गया। भगवान विष्णु को भी गदाधर नाम से पुकारा जाता है। गदाधर का जन्म एक विशेष उद्देश्य से हुआ था। उस समय किसी को पता नहीं था कि एक दिन यही बच्चा बड़ा होकर भक्ति को एक नया आयाम देनेवाला है। निराकार का अनुभव प्राप्त होने के बाद गदाधर के गुरु तोतापुरी महाराज

ने उन्हें 'रामकृष्ण परमहंस' यह नाम दिया। भगवान विष्णु के सबसे बड़े अवतार भी राम और कृष्ण ही थे।

उनके परिवार में वर्षों से रघुवीर कुल की यानी प्रभु रामचंद्र की पूजा होते आ रही थी। यह परिवार राम नाम का परिवार था क्योंकि उनके हर रिश्तेदार के नाम में राम शब्द जुड़ा हुआ था। जैसे :

दादाजी का नाम	–	माणिकराम
पिता का नाम	–	खुदीराम
बड़े भाई का नाम	–	रामेश्वर
सबसे बड़े भाई का नाम	–	रामकुमार
भाँजे का नाम	–	हृदयराम
ससुर का नाम	–	रामचंद्र

गदाधर को भी उनके गुरु ने ऐसा ही नाम दिया, जिसमें राम का नाम समाया हो। इस प्रकार उनके खानदान में 'राम नाम सत्य' की माला जपी जा रही थी। उनके चारों ओर राम ही राम रामचंद्र था और चंद्रमणि था – माँ का नाम। रामकृष्ण परमहंस के भक्तों के अनुसार खुदीराम और चंद्रमणि को उनके जन्म से पहले ही कुछ अलौकिक घटनाओं और दृश्यों का अनुभव हुआ था।

जैसे : एक बार उनकी माँ ने सपने में देखा कि 'खुदीराम एक प्रकाशपुंज का रूप लेकर आए और उनके बिस्तर पर लेट गए।' एक पल के लिए तो चंद्रमणि डर गईं, साथ ही उन्हें आश्चर्य भी हुआ कि इस सपने के पीछे क्या संकेत हो सकता है। इसके बाद जब वे गर्भवती हुईं, तब उन्हें एहसास हुआ कि वह सपना पृथ्वी पर उनके पुत्र के जन्म का संकेत था।

गदाधर के पिता खुदीराम (ख़ुद ही राम) भगवान राम के बड़े भक्त थे। कहते हैं कि गदाधर के जन्म से कुछ महीने पहले एक बार उन्हें प्रभु राम के दर्शन भी हुए और एक दिव्य आवाज़ सुनाई दी कि 'तुमने मेरी

बहुत सेवा की है। अब मैं तुम्हारे घर में बेटे के रूप में आऊँगा और तुम्हारी ख़ूब सेवा करूँगा।'

यह कितने आश्चर्य की बात है कि भगवान स्वयं आकर एक इंसान की सेवा करें। लेकिन इसके पीछे एक रहस्य भी छिपा हुआ है। **जब भी कोई सेवा करता है और अगर सेवा में से सेवक हट जाता है तो केवल भगवान ही बचता है।** सेवा करते-करते जब अहंकार विलीन हो जाता है तो वह अव्यक्तिगत सेवा बन जाती है। ऐसी सेवा में भगवान के होने का एहसास भी होता है। इसीलिए कहा जाता है कि 'हर बच्चे में भगवान होता है।' क्योंकि बच्चे अपना हर कार्य नि:स्वार्थ भाव से करते हैं, उनमें किसी भी प्रकार का अहंकार नहीं होता। उनकी हर क्रिया सहज भाव से होती है। बच्चों के द्वारा प्रार्थना भी बड़ी सहजता से निकलती है और कई लोगों का मानना है कि वे प्रार्थनाएँ पूरी भी होती हैं।

पहली प्रार्थना

गदाधर जब छह वर्ष के थे तब उनकी बुआ कुछ दिनों के लिए अपने मायके कामारपुकुर में आई। उन दिनों उनके घर में भजन-कीर्तन का कार्यक्रम चल रहा था, जिसमें उनकी बुआ भी शामिल हुईं। थोड़ी देर बाद कीर्तन के बीच में बुआ अचानक उठकर खड़ी हो गईं और तेज़ी से अपने हाथ-पैर झुलाने लगीं। यह दृश्य देखकर नन्हें गदाधर को बड़ा आश्चर्य हुआ। उसने अपनी माँ से पूछा कि 'बुआ को क्या हुआ, वे ऐसे अपने हाथ-पैर झुला क्यों रही हैं?' तब माँ ने बताया, 'उनके ऊपर माता सवार हो गई हैं।' यह सुनकर गदाधर के अंदर पहली प्रार्थना उठी। उन्होंने अपनी माँ से पूछा कि 'मेरे ऊपर माता कब सवार होगी? माता मेरी सवारी कब करेगी?'

बच्चों में कपट का भाव नहीं होता और ऐसी प्रार्थना निकलना अच्छा है या बुरा, यह बच्चों को पता नहीं होता है। दरअसल गदाधर के अंदर उठी प्रार्थना का आशय यह था कि 'मुझे जो शरीर मिला है, माता उसका उपयोग करे।' उस वक़्त किसी को मालूम नहीं था कि ऐसे विचार

भविष्य में होनेवाली घटनाओं की तैयारी होते हैं। **जब भी आपके अंदर भक्ति बढ़ाने के और पृथ्वी लक्ष्य पाने के शुभ विचार आते हैं व शुभ इच्छा जागती है तो इसे एक प्रकार का संकेत समझें।**

श्रीरामकृष्ण परमहंस द्वारा की गई कई प्रार्थनाओं की वजह से ही भविष्य में उनके साथ ऐसे लोगों का जुड़ना संभव हो पाया, जो उनकी भक्ति को समझते थे। ऐसे लोगों का मिलना भी बहुत बड़ी कृपा है। **हर इंसान को अपने जीवन में ऐसी प्रार्थना करनी चाहिए कि 'हम आध्यात्मिक मंज़िल प्राप्त करें और हमारे जीवन में ऐसे लोग आएँ, जो हमें समझें और आध्यात्मिक मार्ग पर हमारा सहयोग करें।'** आपके जीवन में भी ऐसे लोग आ सकते हैं। बस, इसके लिए आपको सच्चे मन से सही प्रार्थना करनी होगी।

2

समाधि का पहला अनुभव

एक दिन गदाधर अपने कुछ मित्रों के साथ खेतों में खेलने गए। उस समय उनके पास खाने के लिए कुछ चावल थे। वे दिनभर अपने मित्रों के साथ खेलने में मग्न थे। खेल ख़त्म होने के बाद गदाधर चावल खाते-खाते खेतों के बीच से गुज़र रहे थे। तभी अचानक मौसम बदला और उनकी नज़र आसमान की तरफ़ गई। उस समय आसमान में काले बादल छा चुके थे और ढेरों की तादाद में सफ़ेद बगुले एक कतार में उड़ते हुए चले जा रहे थे।

क्या इस प्रकार का दृश्य देखकर कोई अपनी सुधबुध खो सकता है? नहीं। लेकिन उस बाल्यावस्था में गदाधर के साथ ऐसा ही हुआ था। इस दृश्य को देखकर वे इतने आश्चर्य से भर गए कि अपनी सुधबुध खो बैठे और ज़मीन पर गिर पड़े।

शरीर एक अजूबा

अपने प्रतिदिन के जीवन में हम ऐसे कई दृश्य देखते हैं, मगर उस समय हमारे मन में जो विचार उठते हैं, उनसे हमारा कोई तालमेल नहीं होता इसीलिए ऐसे दृश्य देखकर भी हम आश्चर्य नहीं करते। मगर जब नन्हे गदाधर ने वह दृश्य देखा तो उसे ऐसा महसूस हुआ, मानो कोई जादूगर जादू दिखा रहा हो। जादूगर का जादू देखकर आश्चर्य से लोगों की चीख़ निकल जाती है क्योंकि उस समय लोगों के सामने कोई ऐसा दृश्य होता है, जो उनकी कल्पना से परे होता है। लेकिन यदि आपके सामने इससे

भी सौ गुना ज़्यादा या हज़ार गुना ज़्यादा आश्चर्यजनक दृश्य प्रकट हो जाए तो आप ख़ुद ही यह अंदाज़ा लगा सकते हैं कि आपकी हालत क्या होगी। इसका अर्थ यह है कि जब शरीर किसी दृश्य को देखकर होनेवाला आश्चर्य सह नहीं पाता तो वह रूपांतरण (ट्रान्सफ़ॉरमेशन) की अवस्था में चला जाता है।

इंसान का शरीर किसी अजूबे से कम नहीं है और इस अजूबे का निर्माण कुदरत ने सिर्फ़ पृथ्वी पर किया है। ऐसा कोई अजूबा आज तक किसी अन्य ग्रह पर खोजा नहीं जा सका है। यह अजूबा इसलिए है क्योंकि इंसान के शरीर के अंदर ऐसी व्यवस्था की गई है कि एक स्तर पर जाने के बाद उसका रूपांतरण हो जाए। ऐसी आश्चर्यजनक व्यवस्था किसी अन्य जीव में देखने नहीं मिलती।

जैसे : जब किसी इंसान को शारीरिक स्तर पर बहुत तकलीफ़ दी जाती है तो वह उस तकलीफ़ को तब तक सहता है, जब तक उसमें सहनशक्ति होती है। जिस समय उसकी सहनशक्ति समाप्त हो जाती है, तब वह बेहोश हो जाता है यानी उसके शरीर का रूपांतरण हो जाता है। इंसान का शरीर एक मशीन है, जिसे दिमाग़ से संकेत (सिग्नल) मिलते हैं। इंसान की सहनशक्ति समाप्त होने पर उसकी सुरक्षा के लिए, दिमाग़ उसे बेहोश होने का संकेत दे देता है।

इसी तरह आश्चर्य का भी एक स्तर होता है। **जब आश्चर्य शरीर की सहनशक्ति से कई गुना अधिक होता है तो समाधि की अवस्था आ जाती है।** रामकृष्ण परमहंस को भी बचपन में आसमान की ओर देखकर ऐसी ही अवस्था का अनुभव हुआ।

यह दृश्य देखकर गदाधर को पहली बार समाधि का अनुभव हुआ। वे ज़मीन पर बाहर की दुनिया से अचेत होकर गिर पड़े। उनके मित्र उन्हें उसी अवस्था में उठाकर घर ले गए। फिर मुँह पर पानी के छींटे मारकर उन्हें जगाया गया और पूछा गया कि 'गदाधर तुम अचानक बेहोश कैसे हो गए?' उन्होंने कहा, 'पता नहीं मुझे अचानक क्या हो गया था।'

आगे बड़े होने के बाद श्रीरामकृष्ण ने अपनी जीवनी में अपने इस पहले समाधि अनुभव का खुलासा कुछ इस प्रकार किया है, 'कुदरत का वह करिश्मा देखकर मैं आश्चर्य से भर गया था। कुछ देर पहले आसमान साफ़ था, हम सभी खेल रहे थे लेकिन अचानक आसमान में काले बादल छा गए। प्रकृति माता ने जो खेल दिखाया, उससे मैं इतना आश्चर्य से भर गया कि सुधबुध ही खो बैठा।'

रामकृष्ण परमहंस के जीवन में समाधि की इस पहली घटना को पढ़कर पहले आपका मन यही सोचेगा कि 'इसमें ऐसी क्या बात थी कि किसी को समाधि का अनुभव हो जाए?' क्योंकि इंसान का मन तो इसी तरह से सोचता है लेकिन यहाँ मुख्य बात नन्हें गदाधर के अंदर मौजूद मासूम भक्ति की थी। उस समय जो कृपा बरसी, गदाधर में उसे प्राप्त करने के लिए भरपूर ग्रहणशीलता थी। गदाधर ने उसे बिना उसका रंग बदले ग्रहण कर लिया। वरना इंसान में अहंकार की छाया इतनी गहरी होती है कि अगर उस पर कृपा बरसती भी है तो या तो वह उसे ग्रहण ही नहीं कर पाता और अगर करता भी है तो कृपा उसके भीतरी अहंकार के रंग में रंगकर अपना रूप बदल लेती है।

अनुभव का नाम काली माता

इंसान पर ऐसी कृपा बरस पाए, इसके लिए उसमें पर्याप्त ग्रहणशीलता होनी चाहिए। पहली बार समाधि अवस्था का अनुभव करने के बाद गदाधर प्रकृति माता के प्रेमी बने। उस प्रकृति माता को ही उन्होंने काली माता का नाम दे दिया।

ग्रहणशीलता के अभाव में लोग ईश्वर को बिना रूप के नहीं समझ पाते और रूप भी ऐसा जो उनकी ईश्वर की कल्पना के अनुसार हो। आज तक जिन महापुरुषों को भी अपने होने का एहसास (आत्मसाक्षात्कार) हुआ है, उन्होंने उसे स्वअनुभव, चैतन्य या कोई न कोई ऐसा नाम ज़रूर दिया है। आम तौर पर यह एक ऐसा नाम होता है, जो लोक कल्याण के लिए ज़्यादा से ज़्यादा इस्तेमाल हो पाए।

रामकृष्ण परमहंस ने अपने अनुभव को काली माता का नाम दिया। क्योंकि उस समय बंगाल में काली माता की पूजा होती थी। आज भी होती है। लोगों को तो ऐसे प्रचलित शब्द या मशहूर नाम ही ज़्यादा पसंद आते हैं तथा आसान भी लगते हैं। काली माता का रूप देखकर लोग उस अनुभव की सराहना कर पाएँ और लोगों को भक्ति करने का मौक़ा मिले। **भक्ति का अर्थ ही है, जहाँ भक्त सराहना व आश्चर्य करता है और समाधि में चला जाता है।** श्रीरामकृष्ण परमहंस सभी को यह अनुभव देना चाहते थे इसीलिए उन्होंने जीवनभर लोगों को भक्ति के भक्त बनने का रास्ता दिखाया।

3

गदाधर की मासूम भक्ति

हर इंसान अपने जीवन में प्रियजनों की मृत्यु का दुःख भोगता है। प्रियजन के मृत्यु की घटना कुछ लोगों के लिए आँखें खोलने का काम करती है। हालाँकि पहले-पहल तो हर कोई दुःखी और परेशान ही होता है लेकिन कुछ लोग ऐसे होते हैं, जो ऐसी घटना के बाद कुछ नया सोचना शुरू करते हैं और आख़िरकार अपने जीवन में सकारात्मक परिवर्तन ले आते हैं।

जब गदाधर की उम्र सिर्फ़ 7 साल की थी, तभी उनके पिता की मृत्यु हो गई। इस घटना ने उनकी आँखें खोलने का काम किया, जिस कारण वे कुछ नया सोचने में सक्षम हो सके। सबसे पहले समाधि का अनुभव मिलने से उनका हृदय खुला था और अब पिता की मृत्यु के बाद उनके अंदर नए-नए विचार उठने लगे। हालाँकि तब भी गदाधर माता-पिता द्वारा मिले संस्कारों के अनुसार ही जी रहे थे।

पिता की मृत्यु के बाद उनके व्यवहार पर सबसे अधिक प्रभाव उनकी माँ का पड़ा। उनके हृदय में अपनी माँ के लिए विलक्षण प्रेम था और वे नहीं चाहते थे कि माँ को किसी भी वजह से कोई दुःख पहुँचे। इसलिए उन्होंने अपना दुःख माँ के सामने ज़ाहिर नहीं किया। गदाधर ने महसूस किया कि 'जब मैं माँ के साथ रहता हूँ तो माँ को पिताजी की याद कम आती है, वे दुःखी नहीं होतीं, ख़ुश रहती हैं। लेकिन जब भी मैं माँ से दूर जाता हूँ तो वे दुःखी हो जाती हैं।' यह एहसास होने के बाद गदाधर अपना ज़्यादातर समय माँ के साथ ही बिताने लगे।

बचपन में गदाधर पढ़ाई में अच्छे थे। उन्हें कविता, पाठ, कहानी और भाषा ज्ञान जैसे कला विषय बहुत पसंद थे। केवल गणित में उन्हें तकलीफ़ होती थी, इस वजह से वे पाठशाला जाना नहीं चाहते थे। क्योंकि वे जानते थे कि अगर पाठशाला जाएँगे तो सारे विषय सीखने पड़ेंगे, चाहे वे उन्हें पसंद हों या ना हों। अपनी माँ के साथ ज़्यादा से ज़्यादा समय रहने के कारण वे पूजा-पाठ में भी बैठने लगे थे। इससे उनके जीवन में एक नया मोड़ आया। माँ की मूर्ति बनाना और पूजा करना, उन्हें बहुत पसंद आता था। जब उनके बड़े भाई उन्हें पढ़ाई पर ध्यान देने के लिए कहते तो गदाधर का जवाब होता, **'मुझे दाल-रोटीवाली पढ़ाई नहीं करनी है, मुझे ज्ञान और भक्तिवाली पढ़ाई करनी है।'** इतनी छोटी सी उम्र में समझ न होने के बावजूद भी उनके मुँह से वैसे ही शब्द निकल रहे थे, जैसा जीवन वे जीना चाहते थे।

गदाधर को एक अच्छा परिवार और अच्छा वातावरण मिला था। माँ के संस्कारों की वजह से वे अपने जीवन में अच्छी बातों को ही आकर्षित कर रहे थे। पूजा-पाठ के अलावा उनकी माँ उन्हें अपने साथ सत्संग में भी लेकर जाया करती थी। वहाँ उन्हें एक संन्यासी की महिमा सुनने का अवसर मिला। एक बार सत्संग में बताया गया कि 'संन्यासी उसे कहा जाता है, **जो माया के अनित्य अनुभव को त्यागता है और नित्य अनुभव पाने के लिए कार्यरत रहता है।**' यह सुनते ही गदाधर के हृदय से भी यह प्रार्थना उठने लगी कि 'मुझे भी ऐसा ही जीवन चाहिए, मुझे भी नित्य (स्थाई) अनुभव चाहिए।'

नित्य अनुभव यानी जो सदा चलता है, निरंतर अनुभूत होता है। इस नित्य अनुभव की इच्छा ही भविष्य में गदाधर को भक्ति की ऊँचाई पर लेकर गई। इस अनुभव को पाने के लिए उन्होंने हर तरह के मार्ग अपनाकर देखे। चूँकि वे अपने जीवन में परम संतुष्टि पाना चाहते थे इसलिए सत्संग में वे संन्यासी और संन्यास जीवन की महिमा बड़े ध्यान से सुनते थे।

संन्यासी जीवन दर्शन

गदाधर के गाँव में अकसर साधु-संन्यासी आते-जाते रहते थे। चूँकि वे मोक्ष मार्ग की महिमा जान चुके थे इसलिए अब वे सारे संन्यासियों का निरीक्षण करने लगे थे, इसके लिए वे उनकी सेवा भी करते थे। हालाँकि उन्होंने पहले भी कई संन्यासियों को देखा था लेकिन अब उनका नज़रिया बदल गया था। अब वे संन्यासियों को देखकर सोचते थे कि 'इनके भीतर ऐसा क्या है, जो मुझे अपने भीतर लाना है?' संन्यासियों के साथ रहकर उन्होंने समझा कि 'ये लोग कैसे उठते-बैठते हैं, कैसे खाते-पीते हैं, कैसे बातें करते हैं... वगैरह।' चूँकि संन्यासियों को भी गदाधर की उपस्थिति से कोई तकलीफ़ नहीं होती थी इसलिए वे उसे अपने साथ रहने देते थे। कभी-कभी तो वे संन्यासी नन्हें गदाधर की कमर में अपना लंगोट बाँधकर उन्हें किसी संन्यासी की तरह ही सजा-सँवार देते थे। गदाधर इससे बहुत ख़ुश होते। एक बार यूँ ही किसी संन्यासी का लंगोट बाँधकर गदाधर अपनी माँ के पास गए और चहकते हुए बोले, 'देखो माँ, संन्यासियों ने मुझे कैसे सजाया है!' गदाधर को इस वेश में देखकर उनकी माँ ख़ुश होने के बजाय घबरा गईं। दरअसल उनके मन में यह डर बैठ गया कि कहीं उनका बेटा भी बड़ा होकर संन्यासी न बन जाए। चूँकि गदाधर उस समय काफ़ी छोटे थे इसलिए उन्हें माँ की यह चिंता समझ में नहीं आई।

शिवलीला में समाधि

एक बार उनके गाँव में शिवलीला खेली जा रही थी, ठीक वैसे ही जैसे रामलीला होती है। मंच पर जिस कलाकार को शिव की भूमिका करनी थी, वह अचानक बीमार पड़ गया। यह देखकर गदाधर के दोस्तों ने कहा कि 'आज शिव की भूमिका तुम कर लो।' लेकिन उन्होंने फ़ौरन मना कर दिया और कहा कि 'यह सब मुझसे नहीं होगा।' लेकिन फिर दोस्तों ने ज़ोर दिया और कहा कि 'तुम्हें इसके लिए ज़्यादा कुछ करने की ज़रूरत नहीं पड़ेगी, बस थोड़े से संवाद बोलने हैं और शिवजी की मुद्रा में आँखें

बंद करके मंच पर बैठे रहना है।' मगर उन दोस्तों को नहीं पता था कि आँख बंद करके बैठने से गदाधर के साथ क्या होनेवाला है।

आख़िरकार समझा-बुझाकर गदाधर को शिव की वेशभूषा पहनाकर मंच पर बिठा दिया गया। नाटक शुरू हुआ। एक अभिनेता आकर शिव की आराधना करने लगा। जैसे ही उस किरदार ने आराधना के शब्दों का उच्चारण शुरू किया, वैसे ही गदाधर समाधि में चले गए, जबकि अगले ही पल उन्हें अपना संवाद बोलना था। लेकिन अब तो वे समाधि में थे तो संवाद कैसे बोलते, उनके अंदर तो बार-बार 'कोहम-शिवोहम' यानी 'कौन हूँ मैं - शिव हूँ मैं' का जाप चल रहा था। उस समय वे समाधि में ऐसे लीन हो गए कि शिव का अनुभव करने लगे।

भाव समाधि का अनुभव

एक दिन माता की चौकी पर भजन-कीर्तन चल रहा था। गदाधर भी अपनी माँ के साथ वहाँ गए हुए थे। वहाँ वे भजन सुनते-सुनते पूरी तरह उसी में खो गए यानी भाव समाधि में चले गए। इसके पहले आसमान में काले बादलों और सफ़ेद पक्षियों को देखकर उन्हें पहला अनुभव आश्चर्य समाधि का हुआ था। अब वे भाव समाधि में चले गए थे। यहाँ वे कुछ ऐसे खो गए कि लोग बड़ी मुश्किल से उन्हें जगाकर घर ले गए। बाद में जब उनसे इसके बारे में पूछा गया तो वे कुछ भी बता नहीं पाए।

नन्हा गदाधर उस समय समाधि के अनुभव को समझ नहीं पाया क्योंकि यह अनुभव उन्हें अचानक ही मिला था। दरअसल इंसान ऐसे अनुभव को शब्द तभी दे पाता है, जब उसे यह अनुभव समझ प्राप्त होने के बाद मिला हो। समझ मिलने के बाद ही इंसान ऐसे अनुभव का वर्णन भजन वगैरह के ज़रिए कर पाता है। हालाँकि समाधि का अनुभव ऐसा उच्चतम अनुभव है कि उसे शब्दों के दायरे में बिठाना मुमकिन नहीं है। मगर भजन के ज़रिए इस अनुभव की ओर इशारा किया जा सकता है। ऐसे भजनों से भक्ति भी बढ़ती है।

गदाधर बहुत छोटी उम्र में ही ऐसे अनुभवों से गुज़र रहे थे। जब भी गदाधर *रामायण* या *महाभारत* पढ़ते या भजन वगैरह गाते तो आस-पड़ोस की औरतें आकर उनके सामने बैठ जातीं। क्योंकि उन्हें गदाधर के मुँह से भजन सुनना अच्छा लगता था। गदाधर को भी सभी को अपने मनपसंद भजन सुनाना बहुत पसंद था और उनके लिए यह बहुत सहज भी था क्योंकि उनकी भक्ति मासूम थी।

खण्ड 2

भक्ति की गहराई

4

काली माँ का सच्चा पुजारी

गदाधर के बड़े भाई रामकुमार अपनी पत्नी के गुज़रने के बाद कामारपुकूर गाँव छोड़कर कोलकाता शहर में आ गए। वहाँ उन्होंने एक पाठशाला खोली और संस्कृत सिखाने लगे। पाठशाला में अध्यापन के बाद उनके पास जो थोड़ा-बहुत समय बचता था, उसमें भी लोग उन्हें पूजा-पाठ करने के लिए अपने घर बुला लेते थे। पाठशाला में पढ़ने आनेवाले बच्चों की संख्या ज़्यादा नहीं थी लेकिन धीरे-धीरे उनका पूजा-पाठ का काम बढ़ने लगा था। इसलिए मदद के लिए उन्होंने अपने छोटे भाई गदाधर को भी शहर में बुला लिया। 16 वर्ष के गदाधर लोगों के घर जाकर पूजा-पाठ करने के लिए तो मान गए लेकिन उन्होंने पाठशाला में बच्चों को पढ़ाने से मना कर दिया। हालाँकि रामकुमार ने उन्हें बहुत समझाया लेकिन वे नहीं माने।

इसी दौरान मछुवारन जाति की एक संपन्न महिला रानी रासमणि ने कोलकाता से लगभग चार मील दूर गंगा के पूर्वी तट पर दक्षिणेश्वर में माँ काली का एक भव्य मंदिर बनवाया। उस मंदिर में पुरोहित का कार्य करने के लिए एक ब्राह्मण की आवश्यकता थी। लेकिन चूँकि रानी रासमणि स्वयं मछुवारन जाति की थी इसलिए उनके द्वारा बनवाए गए मंदिर में कोई भी ब्राह्मण पंडित मूर्ति स्थापना और पूजा करने के लिए तैयार नहीं हुआ।

रानी रासमणि को जल्द ही एहसास हो गया कि यदि किसी तरह किसी ब्राह्मण द्वारा मूर्ति स्थापना करके पूजा करवा भी दी जाए, तब भी ब्राह्मण वर्ग के लोग इस मंदिर में नहीं आएँगे। वास्तव में किसी भी

मंदिर के निर्माण के पीछे मुख्य उद्देश्य यही होता है कि लोग वहाँ भगवान का दर्शन करने आएँ ताकि एकता में सभी का मंगल हो। लेकिन लोग धर्म-कर्म के कार्यों में भी जाति को बीच में लाकर मंदिर के नाम पर झगड़े करते हैं। अगर किसी मंदिर की शुरुआत में ही ऐसा होता है तो इसे अमंगलकारी माना जाता है। इसलिए रामकुमार और रानी रासमणि के दामाद माथुरनाथ ने मिलकर तय किया कि यह मंदिर रानी अपने गुरु को दान कर दें। ऐसा करने पर ही लोग मंदिर में आने के लिए तैयार होंगे क्योंकि फिर वह मंदिर किसी मछुवारन जाति की रानी का नहीं होगा। धीरे-धीरे लोग इस बात को स्वीकार कर लेंगे कि यह मंदिर एक गुरु का है। चूँकि गुरु के लिए जाति का कोई महत्त्व नहीं होता और वे हर जाति के इंसान को ज्ञान देते हैं। रानी रासमणि के गुरु ने उस मंदिर को स्वीकार कर लिया। उन्हें अंदाज़ा था कि एक दिन इस मंदिर के माध्यम से विश्व कल्याण होगा।

किसी भी मंदिर की शुरुआत में लोगों को पता नहीं होता कि यह मंदिर किस प्रकार निमित्त बननेवाला है। गंगा नदी के किनारे बने इस मंदिर के निर्माण के पीछे असली उद्देश्य यही था कि यहाँ कुछ ऐसा हो, जो संसार की काया पलट दे। आख़िरकार यही हुआ भी, जब नरेन्द्र नाम का एक लड़का इस मंदिर में आकर रामकृष्ण परमहंस का शिष्य बना, जिसने बाद में स्वामी विवेकानन्द के रूप में पूरे संसार में भारत का नाम रोशन किया।

जैसे : जब कंस के पापों से ज़मीन फट रही थी, तब भगवान श्रीकृष्ण कारागृह में पैदा हुए थे। वे लोगों को कंस के अत्याचारों से मुक्ति देने आए थे। क्योंकि जब किसी चीज़ की असल में आवश्यकता होती है, तभी ऐसा कुछ होता है। जब किसी शुभ कार्य के निर्माण में बाधा आती है तो उस बाधा के बावजूद उस चीज़ (कार्य) का निर्माण होने देना चाहिए। क्योंकि इससे जो सामने आएगा, वह परिणामकारी होगा। माँ काली के इस मंदिर से भी लोगों को विशेष परिणाम मिलनेवाला था।

रामकृष्ण परमहंस के बड़े भाई रामकुमार ने उस मंदिर के पूजा-पाठ की ज़िम्मेदारी ले ली। वह मंदिर काफ़ी बड़ा था और उसके बाजू में राधा-कृष्ण का भी एक मंदिर बना हुआ था। इतने बड़े मंदिर के कार्य के लिए रामकुमार को सहायता की आवश्यकता थी इसलिए वे गदाधर की मदद लेने लगे।

रामकुमार चाहते थे कि उनका छोटा भाई गदाधर भी अपने जीवन में स्थिर हो। उनका विचार था कि एक बार गदाधर कहीं कोई स्थायी काम करने लगे तो उसकी आजीविका की व्यवस्था हो जाएगी। रानी रासमणि के दामाद माथुरनाथ बिस्वास को गदाधर का रहन-सहन, उनकी बोली वगैरह बहुत पसंद आती थी। इसलिए उन्होंने रामकुमार से कहा कि 'हम गदाधर को मंदिर का पुजारी बनने के लिए तैयार करते हैं।' जब रामकुमार ने गदाधर से इस बारे में पूछा तो गदाधर पहले इस कार्य के लिए तैयार नहीं हुए क्योंकि उन्हें सबसे ज़्यादा तकलीफ़ मूर्ति के गहने सँभालने में थी। वे उस मूर्ति के आभूषणों को स्पर्श तक नहीं करना चाहते थे। वे पहले से ही माया से जुड़ी सारी चीज़ों से दूर रहना चाहते थे। लेकिन रामकुमार ने इसका भी हल ढूँढ़ निकाला। उन्होंने अपने भाँजे हृदयराम को बुलाया और काली माँ की मूर्ति के आभूषण सँभालने की ज़िम्मेदारी उसे सौंप दी। उसके बाद गदाधर मंदिर में पूजा-पाठ करने के लिए तैयार हो गए। इस तरह राम की मर्यादा और कृष्ण के भक्ति योग के संयोग से गदाधर यानी रामकृष्ण परमहंस की अभिव्यक्ति शुरू हो गई।

5

सच्चे पुजारी की परख

दक्षिणेश्वर के काली माता मंदिर के बगल में एक छोटा सा जंगल था। श्रीरामकृष्ण परमहंस प्रतिदिन वहाँ ध्यान करने जाते थे। दोपहर में जब मंदिर बंद किया जाता, उस समय श्रीरामकृष्ण परमहंस अपना जनेऊ उतारकर बग़ल में रख देते और ध्यान में बैठ जाते थे। जबकि उनका जन्म ब्राह्मण परिवार में हुआ था और सदैव जनेऊ पहनना हर ब्राह्मण की निशानी है।

एक दिन उनके भाँजे को यह बात पता चली तो उसने पूछा, 'आप अपना जनेऊ क्यों उतार देते हैं? यह धागा तो हर ब्राह्मण की निशानी है और आप इसी निशानी को उतारकर रख देते हैं?' इस पर श्रीरामकृष्ण परमहंस ने कहा, 'जब मैं ध्यान में बैठता हूँ, तब मैं किसी से भी श्रेष्ठ नहीं होता हूँ और न ही कोई किसी से श्रेष्ठ होता है। सभी एक होते हैं। यह जनेऊ उतारकर मैं श्रेष्ठता के भाव से मुक्त हो जाता हूँ।'

यह 18वीं शताब्दी की बात है, तब लोग जाति-पाँति में बहुत विश्वास करते थे और जाति के नाम पर स्वयं को एक-दूसरे से श्रेष्ठ साबित करने में लगे रहते थे। उस समय लोग इस तरह की बातें करते थे कि 'मैं फलाँ कुल का हूँ, फलाँ जाति का हूँ।' जबकि उच्च जाति का होने से लोग आदर भले ही दे देते हों लेकिन इससे इंसान भक्ति से दूर हो जाता है। उस समय पूजा-पाठ करनेवालों को या संस्कृत सिखानेवालों को भी श्रेष्ठ समझा जाता था। लेकिन यह सब करके भी **यदि इंसान को भक्ति की पहचान न हो तो वह कभी श्रेष्ठ होने के अहंकार से मुक्त नहीं हो सकता।**

उस समय गदाधर सत्य के मार्ग पर आगे बढ़ रहे थे और जाति-पाति की धारणाओं से ऊपर उठ चुके थे। वे निरंतर मनन-चिंतन कर रहे थे और नई चीज़ें सीख रहे थे। वे श्रेष्ठता के भाव से इसलिए मुक्त हो सके क्योंकि वे भक्ति की उच्चता को समझ पा रहे थे। वे मंदिर में आनेवाले सभी लोगों को एक जैसा ही समझते थे और सभी के साथ एक जैसा ही व्यवहार करते थे।

मंदिर में गदाधर की नियुक्ति के बाद जब रानी रासमणि को माथुरनाथ द्वारा यह पता चला कि 'मंदिर में पूजा-पाठ करने के लिए एक सच्चा पुजारी मिल गया है।' तो वे भी मंदिर में पूजा करने आईं। जब पूजा और आरती की तैयारी चल रही थी, तभी गदाधर ने रानी को डाँटते हुए कहा कि 'मंदिर में भी यही बातें सोचने आई हो क्या?' यह देखकर रानी के नौकर गदाधर को मारने के लिए झपटे लेकिन रानी ने सबको रोक दिया क्योंकि वे बहुत समझदार महिला थीं। वे कई लोगों की सेवा करती थी और बड़े-बड़े लोगों के बीच उठती-बैठती थीं। इसके अलावा वे लोगों के कल्याण और उनके हक़ के लिए कुछ अंग्रेज़ों के साथ कई क़ानूनन मुकदमे (केस) भी लड़ रही थी।

गदाधर के डाँटने के बाद उनकी समझ में आया कि पूजा और आरती के समय भी उनके दिमाग़ में अपने क़ानूनी मसलों के बारे में ही विचार चल रहे थे। यह समझ प्राप्त होने के बाद रानी ने उनसे कहा, 'आपके माध्यम से काली माँ ने ही मुझे डाँटा है।'

जब भगवान की पूजा करते समय इंसान का अहंकार विलीन हो जाता है, तब ईश्वर ही उसके भीतर से बोलता है। रानी समझदार थी इसलिए उनके लिए केवल एक इशारा ही काफ़ी था। अब उन्हें विश्वास हो गया था कि इस मंदिर के लिए गदाधर ही सबसे श्रेष्ठ पुजारी है। पूजा के बाद वे संतुष्टि के भाव के साथ वहाँ से वापस लौटीं।

गदाधर की अभेद भक्ति

एक दिन मंदिर में वहाँ का पुजारी राधा-कृष्ण मूर्ति की साफ़-सफ़ाई कर

रहा था। अचानक उसके हाथों से कृष्ण की मूर्ति गिरकर टूट गई। अब रानी रासमणि के सामने यह प्रश्न था कि 'इस टूटी हुई मूर्ति का क्या किया जाए?' क्योंकि कई पुजारियों का कहना था कि 'खंडित मूर्ति को मंदिर में नहीं रख सकते इसलिए इसे गंगा में प्रवाहित कर देना चाहिए।' मगर रानी को वह मूर्ति पसंद थी इसलिए उन्होंने कहा कि 'एक बार गदाधर से भी पूछ लें।' गदाधर से जब इसका हल पूछा गया तो उन्होंने रानी को जवाब दिया, 'अगर किसी कारणवश रानी के जमाई की टाँग टूट जाए तो क्या रानी उसे घर से बाहर निकाल देंगी या उसकी टाँग पर इलाज करवाकर उसे ठीक करेंगी?' यह जवाब सुनकर रानी बहुत ख़ुश हुईं।

आख़िरकार रानी ने उस मूर्ति की मरम्मत करवाकर उसे फिर से मंदिर में स्थापित करवा दिया। लेकिन लोगों को खंडित मूर्ति को मंदिर में स्थापित करना पसंद नहीं आया। इस पर गदाधर ने लोगों से कहा कि 'जो अभेद है, वह कैसे टूट सकता है?' इस घटना से लोगों को समझ में आया कि गदाधर की सोच और उनकी भक्ति भी बहुत अलग है। रानी रासमणि के जमाई माथुरनाथ को गदाधर का कार्य बहुत पसंद था। गदाधर अपने जीवन में इसी तरह आगे बढ़ रहे थे और साथ ही सत्य की खोज में भी जुटे हुए थे। लेकिन एक दिन अचानक उनके पिता समान भाई रामकुमार की भी मृत्यु हो गई। यह गदाधर के लिए बहुत बड़ा झटका था। भाई की अचानक हुई मृत्यु ने उन्हें झकझोरकर रख दिया।

इंसान के जीवन में होनेवाली ऐसी घटनाएँ यूँ तो बड़ी नकारात्मक प्रतीत होती हैं लेकिन वास्तव में वे उसके जीवन को सँवार रही होती हैं। हालाँकि उस समय इंसान को यह बात समझ में नहीं आती। जैसे सोने के गहने बनाने के लिए उसमें थोड़ी सी मात्रा में अन्य धातु भी मिलाई जाती है। क्योंकि शुद्ध सोने से गहने नहीं बनाए जा सकते। अन्य धातु मिलाकर ही सोने को मनचाहा आकार दिया जा सकता है और गहनों का निर्माण संभव होता है। शुद्ध मन के गदाधर के जीवन की ये नकारात्मक घटनाएँ उसी खोट धातु के समान थीं, जो उनके जीवन को एक आकार दे रही थीं। इसलिए जीवन में आनेवाली किसी भी घटना को नकारात्मक नज़रिए

से देखने के बजाय उस अन्य धातु की तरह देखना चाहिए, जो जीवन को एक निश्चित आकार देने के लिए घटती है।

6

गदाधर की निराली भक्ति

हर इंसान के जीवन में जो घटनाएँ होती हैं, वे दरअसल ईश्वर से मिला हुआ संकेत और मार्गदर्शन हैं। ईश्वर चाहता है कि इंसान के जीवन की अभिव्यक्ति को आकार मिले लेकिन इंसान ईश्वर की इस लीला को पहचान नहीं पाता। गदाधर के साथ भी ऐसा ही हुआ, वे भी ईश्वर की लीला को, उनके संकेत को पहचान नहीं पाए थे। लेकिन बड़े भाई के गुज़रने के बाद उनकी भक्ति, असली भक्ति बनने लगी। पहले तो वे केवल एक पुजारी की नौकरी करते थे। अब उनके अंदर गहराई से यह प्रार्थना उठने लगी कि **'माँ काली, तुमने अपने मंदिर में तो मुझे जगह दे दी, अब अपने दिल में भी थोड़ी जगह दे दे।'** माँ काली की भक्ति करके गदाधर ने पहली बार महसूस किया कि उनके हृदय का बोझ, उनका दुःख कम हो रहा है। इससे उनकी भक्ति और बढ़ने लगी क्योंकि जब भक्ति के परिणाम दिखाई देने लगते हैं तो इंसान यही चाहता है कि ये भक्ति चरम सीमा तक पहुँचे।

माँ काली की पूजा करने का उनका अपना अलग तरीक़ा था। वे माँ काली की मूर्ति के सामने घंटों बैठे रहते थे। मूर्ति के सामने बैठने से पहले वे अपने सिर पर फूल रखते ताकि यह याद रहें कि उन्हें ज़रा भी हिलना-डुलना नहीं है। क्योंकि अगर वे हिले तो फूल गिर जाएगा। मंदिर में आनेवाले लोग जब गदाधर को अपने सिर पर फूल रखकर बैठे हुए देखते तो सोचते कि 'ये पुजारी क्या ऊटपटांग हरकतें कर रहा है? इसे माता के सिर पर फूल चढ़ाना चाहिए और यह अपने ऊपर फूल चढ़ाकर बैठा है।'

दरअसल लोगों को कोई अंदाज़ा नहीं था कि उस समय भी गदाधर भक्ति में बैठकर माता की प्रार्थना कर रहे होते थे। उन्हें लगता था कि माता उनके साथ लुकाछिपी का खेल खेल रही हैं। माता उन्हें बुलाती है और जब वे उठना चाहते हैं तो घुटनों में दर्द शुरू हो जाता है इसलिए वे उठ नहीं पाते। वे यह समझते थे कि 'यह ज़रूर माता की ही कोई चाल है, जो वह मुझे पास बुलाती भी है और बिठाकर भी रखती है।' वे माता की भक्ति में इतना लीन हो गए थे कि माता का दर्शन होते ही ख़ुश हो जाते और अगर कभी दर्शन न हो तो दुःख से भर जाते थे।

काली माँ की कृपा से गदाधर को अपने जीवन में ऐसे लोग मिले, जो उनकी भक्ति को समझते थे। वरना उनकी हरकतें और पूजा करने के तरीक़े को देखकर उन्हें मंदिर से बाहर निकाल दिया गया होता। गदाधर का भाँजा हृदयराम सदैव उनके साथ रहता था। वह उन्हें समझता था इसलिए वह उन्हें उनके तरीक़े से भक्ति करने देता और उनका सहयोग भी करता। माथुरनाथ ने जब गदाधर को मंदिर में अलग तरह से पूजा करते हुए देखा तो वे समझ गए कि ये कोई पागलपन नहीं है बल्कि एक ऐसी अवस्था है, जिसे समझना सभी के बस की बात नहीं है। कहते हैं कि 'भक्ति की बातें बताने से भक्ति बढ़ती है।' माथुरनाथ ने गदाधर की भक्ति देखकर रानी रासमणि से कहा कि 'हम आपके लिए एक ख़ुशख़बरी लाए हैं।' जब रासमणि ने पूछा कि 'कैसी ख़ुशख़बरी' तो माथुरदास ने जवाब दिया कि 'बहुत जल्द मंदिर में माता की मूर्ति जाग्रत होनेवाली है।'

माथुरनाथ को यह रहस्य पता था कि किसी भी मंदिर में एक विशेष क़िस्म का पुजारी होने पर ही मंदिर की मूर्ति की जाग्रति संभव हो पाती है। पुजारी जितनी उच्च चेतना का होगा, मंदिर की मूर्ति भी उतनी ही जाग्रत होगी। अगर मंदिर में भक्ति का भक्त पूजा कर रहा है तो मूर्ति के जाग्रत होने की संभावना कई गुना बढ़ जाती है। जबकि आजकल लोग जब मंदिर में पूजा करते हैं तो उनका ध्यान भक्ति पर कम और आने-जानेवाले लोगों के कपड़ों पर या उनके द्वारा अर्पित किए हुए चढ़ावे पर ज़्यादा होता है। अगर किसी मंदिर या सत्संग में लोगों का ध्यान ऐसी

तुच्छ चीज़ों पर अटक रहा है और पुजारी भी वैसा ही है तो उस मंदिर में असली चीज़ प्राप्त करना असंभव है।

लोग अपनी सांसारिक दुनिया से, माया से कुछ समय निकालकर मंदिर में आते हैं। लेकिन मंदिर में जाना कुछ लोगों के लिए बगीचे में जाने जैसा होता है, वे मंदिर में भी सांसारिक दुनिया की ही बातें करते हैं। लेकिन पुजारी तो अपने दिन का काफ़ी समय मंदिर में ही बिताता है। यदि उसका ध्यान भी मंदिर में आने-जानेवालों के कपड़ों और रंग-रूप पर रहेगा तो उस मंदिर की मूर्ति कभी जाग्रत नहीं होगी। क्योंकि **मूर्ति सिर्फ़ एक ही चीज़ से जाग्रत होती है और वह है, भक्ति।** गदाधर की भक्ति मूर्ति को जाग्रत करनेवाली भक्ति थी।

वे उस मंदिर के लिए सबसे योग्य पुजारी थे। हालाँकि कई लोगों को लगता था कि वे सही पुजारी नहीं है। लेकिन मंदिर से संबंधित मसलों पर निर्णय लेनेवाली रानी रासमणि थी और वे जानती थीं कि उनकी भक्ति सच्ची है। उनके पास कई लोग गदाधर के पूजा करने के तरीक़े को लेकर शिकायत करने आते थे लेकिन इसके बावजूद उन्होंने गदाधर को एक मौक़ा दिया। वे जानती थी कि इसका प्रभाव बड़े स्तर पर पड़ेगा।

उस मंदिर को बनवाने के पीछे उनका उद्देश्य यही था कि वहाँ हर धर्म के लोग आएँ। इसीलिए मंदिर के परिसर में लोगों को रहने और खाने-पीने की सारी व्यवस्था भी की गई थी। जिसके कारण धीरे-धीरे वहाँ अलग-अलग धर्मों के लोग आना शुरू हो गए। यह सब इसीलिए किया गया ताकि मंदिर की तरंगें उच्च स्तर की होती जाएँ और वह तीर्थस्थान जितना पवित्र बन जाए।

7

गदाधर का भक्ति वियोग का रोग

गदाधर की भक्ति को कुछ ही लोग समझ पा रहे थे लेकिन कुछ लोग इसे पागलपन का नाम दे रहे थे। मगर ऐसी किसी भी बात से गदाधर को कोई फ़र्क़ नहीं पड़ता था। वे तो अपनी भक्ति में तल्लीन थे।

एक दिन गदाधर काली माता के सामने बैठे थे और बड़े व्याकुल लग रहे थे क्योंकि उस समय उन्हें माँ का दर्शन नहीं हो रहा था। चूँकि शरीर की अवस्था हमेशा अलग-अलग होती है इसलिए कभी अनुभव समझ में आता है तो कभी समझ में नहीं आता। कभी-कभी किसी बीमारी या शारीरिक तकलीफ़ के कारण भी ऐसा होता है। गदाधर मंदिर में यूँ ही बैठे व्याकुल हो रहे थे कि तभी अचानक उनकी नज़र दीवार पर टँगी हुई तलवार पर गई। उस तलवार को देखकर उन्हें विचार आया कि 'मैं माँ को अपनी गर्दन समर्पित कर देता हूँ।' इस एक विचार मात्र से वे भाव समाधि की अवस्था में चले गए और उन्हें लगा, जैसे उनकी गर्दन सचमुच कट गई हो।

मान लीजिए अगर आपके भीतर ऐसा कोई विचार उठे तो? दरअसल अगर आप सच्चे हृदय से अपनी गर्दन काटकर समर्पित करने की कल्पना करेंगे तो आपके अंदर विचार उठना बंद हो जाएँगे। क्योंकि इस एक विचार से ही आपका शरीर सुन्न हो जाएगा और बाक़ी सारे विचार ग़ायब हो जाएँगे। इसी को 'निर्विचार अवस्था' कहते हैं। लोगों को निर्विचार अवस्था तक पहुँचाने में कभी-कभी कुछ विशेष विधियाँ

सहयोग करती हैं लेकिन गदाधर सहज ही इस अवस्था में चले गए। उन्हें इसके लिए किसी विधि या मार्गदर्शन की ज़रूरत नहीं पड़ी। कभी-कभी लोग अचानक आनेवाली निर्विचार अवस्था को समझ नहीं पाते। वे इस अनुभव को पहचान नहीं पाते इसीलिए क़दम-दर-क़दम ज्ञान मिलना आवश्यक होता है।

अपनी जीवनी में रामकृष्ण परमहंस ने अचानक हुए इस अनुभव का वर्णन इस प्रकार किया है, 'उस वक़्त मुझे काली माता की मूर्ति का दर्शन हुआ और फिर वह भी ग़ायब हो गई... मंदिर की दीवारें दूर जाने लगीं... और एक-एक करके दरवाज़े-खिड़कियाँ सब ग़ायब होने लगे... चारों तरफ़ प्रकाश की लहरें फैल गईं, मानो कोई प्रकाश का समुंदर हो... मुझे ऐसा लगा कि प्रकाश की वे लहरें मेरी ही तरफ़ बढ़ रही हैं... और फिर एक समय ऐसा आया कि मैं उन लहरों में पूरा डूब गया।'

इस अनुभव के बाद गदाधर की भक्ति और बढ़ गई। अब उनके लिए पूजा-पाठ करना कठिन होने लगा। अब वे जो भी पूजा-पाठ करते, वह पहले के मुक़ाबले और अलग तरीक़े से करते। उनकी ऊटपटांग हरकतें देखकर उन्हें वैद्य को दिखाया गया। वैद्य ने जाँच की और कहा कि 'इन्हें वायुरोग हुआ है।' जबकि वास्तविकता यह थी कि वैद्य को असली बात पता ही नहीं थी। उसे यह नहीं मालूम था कि गदाधर को वायुरोग नहीं बल्कि भक्ति वियोग नामक रोग हुआ है।

भक्ति के वियोग में ही वे काली माँ के सामने खड़े होते और मूर्ति की नाक के आगे अपना हाथ रखकर यह निरीक्षण करते थे कि माता साँस ले रही है या नहीं? फिर वे बाहर जाकर लोगों से कहते कि 'माता आजकल मेरे अंदर से साँस ले रही है।' यानी वे अपनी साँसों को भी ऐसे देखते थे, जैसे गदाधर नहीं बल्कि माता ही उनके शरीर से साँसें ले रही हैं। उस समय यह सब ठीक इसी तरह हुआ था या नहीं, यह जाँचना तो संभव नहीं है लेकिन फिर भी लोग अपने-अपने तरीक़े से उस समय का वर्णन करते हैं।

गदाधर की निष्कपट भक्ति

कालीमाता के सामने जो प्रसाद चढ़ाया जाता था, गदाधर वह प्रसाद पहले माता को खिलाना चाहते थे। इसलिए वे अपने हाथ में प्रसाद लेकर माता के मुँह पर रखते और कहते कि 'खाओ।' और फिर कहते, 'क्या कहा? पहले मैं खाऊँ?' और फिर वे खुद ही प्रसाद खाने लगते।

एक दिन मंदिर में एक बिल्ली आ गई। जब गदाधर ने उस बिल्ली को देखा तो पूरा प्रसाद उसे ही खिला दिया। उन्होंने कहा कि 'माता ही बिल्ली का रूप लेकर मंदिर में आई है।' यह देखकर मंदिर में उपस्थित लोगों को बहुत बुरा लगा। उन्होंने गदाधर की इस हरकत को अपना अपमान समझा कि जो प्रसाद हमारे लिए था, उसे एक बिल्ली को क्यों खिला दिया गया।

इन घटनाओं से पता चलता है कि गदाधर की भक्ति कितनी निष्कपट और मासूम थी। उनकी ऐसी हरकतें लगातार बढ़ती जा रही थीं। यह देखकर अब हृदयराम को भी शंका होने लगी थी कि 'कहीं गदाधर सचमुच पागल तो नहीं हो गए हैं?'

आज भक्ति के इस स्वरूप को समझनेवाले लोग बहुत कम हैं। गदाधर की सारी हरकतें बच्चों जैसी होती थीं। उनमें मासूमियत थी लेकिन लोग अपने अज्ञान के कारण उनकी मासूमियत को उनका पागलपन मान लेते थे।

आपने देखा होगा कि बच्चे ऐसी कई छोटी-मोटी चीज़ें करते हैं, जिनका कोई अर्थ या तुक नहीं होता। चूँकि बच्चों में सच्चाई होती है और उनके अंदर कपट नहीं होता इसलिए वे मासूमियत से भरे होते हैं। आपने देखा होगा कि कई बार बच्चों से कोई सवाल पूछने पर वे इतना मासूमियत भरा जवाब देते हैं कि आपको उन पर प्यार आ जाता है। जैसे : एक बार एक घर में कुछ मेहमान आए। उन्होंने देखा कि घर का बच्चा एक बिल्ली के साथ खेल रहा है। जब उस बिल्ली को मेहमानों के सामने लाया जाता है तो मेहमान उस बच्चे से कहते हैं, 'हमारे घर में बहुत

सारे चूहे हैं, क्या हम एक दिन आपकी बिल्ली को अपने साथ अपने घर ले जाएँ?' इस पर बच्चा जवाब देता है, 'नहीं-नहीं, हम अपनी बिल्ली आपको नहीं देंगे। आप अपने चूहों को ही हमारे घर पर क्यों नहीं ले आते?' आप समझ सकते हैं कि बच्चे ने कितनी मासूमियत से यह बात बोल दी। क्योंकि उसे नहीं पता कि मेहमान उसकी बिल्ली को इसलिए माँग रहे हैं क्योंकि बिल्ली के जाने से उनके घर के सारे चूहे भाग जाएँगे।

गदाधर की मासूमियत

एक बार एक बच्चा ब्रेड खा रहा था और साथ में थोड़ा-थोड़ा दूध भी पी रहा था। किसी ने उस बच्चे से पूछा, 'अरे, तुम ब्रेड को दूध में डुबोकर क्यों नहीं खाते?' इस पर उसने जवाब दिया, 'जब मैं ब्रेड को दूध में डुबोता हूँ तो यह ब्रेड ही पूरा दूध पी लेती है। फिर मैं क्या पीऊँगा? इसलिए मैं पहले ब्रेड खाता हूँ और फिर दूध पीता हूँ।' बच्चों के इस तरह के भाव को समझने के लिए हमें उनकी मासूमियत को समझना होता है। ठीक यही बात गदाधर के साथ भी थी। उनकी हरकतों को समझने के लिए पहले उनकी मासूमियत को समझना ज़रूरी था।

गदाधर भी बच्चों जैसी मासूमियत के साथ अपनी बात कहते थे। एक बार गदाधर उस मंच पर चढ़ गए, जिस पर माता की मूर्ति रखी गई थी। उन्होंने माता का हाथ पकड़ा और कहने लगे, 'चलो, हम मिलकर नृत्य करते हैं।' इसी प्रकार माता को प्रसाद चढ़ाने या खिलाने जैसी सभी क्रियाओं को वे बच्चों की तरह ही एक अलग आयाम से देखते थे।

8

गदाधर का विवाह

गदाधर का जीवन भक्ति के साथ आगे बढ़ रहा था। जब कोई उन्हें भेंट के रूप में चादर या कंबल वगैरह कुछ देता तो वे उसे ख़ुशी-ख़ुशी स्वीकार कर लेते। लेकिन फिर वे उस भेंट को अपने पैरों के नीचे कुचल देते और कहते कि 'क्या ये चादर या कंबल मुझे माता से मिला सकते हैं? अगर नहीं तो ऐसी चीज़ों का मेरे लिए कोई महत्त्व नहीं है।' दरअसल उनकी यह बात लोगों के लिए एक इशारा थी। लोग सांसारिक चीज़ों की ओर इतना आकर्षित होते रहते हैं लेकिन गदाधर के जीवन से समझ में आता है कि एक भक्त उन्हीं चीज़ों को किस नज़रिए से देखता है।

समय बीतता रहा और कुछ दिनों के बाद गदाधर के साथ उनके दूसरे भाई रामेश्वर के बेटे अक्षय को भी मंदिर में काम-काज के लिए रख लिया गया। चूँकि गदाधर को वायुरोग के कारण तकलीफ़ होती रहती थी इसलिए कुछ दिनों बाद उन्हें वापस उनके गाँव भेज दिया गया ताकि उनकी तबीयत में कुछ सुधार हो सके। उनकी इस बीमारी से उनकी माँ बहुत चिंतित रहती थीं। वे गदाधर को नियमित रूप से वैद्य के पास ले जाती और इसके अलावा झाड़-फूँक, तंत्र-मंत्र जैसे इलाज के सारे तरीक़ों का सहारा ले रही थीं। लेकिन फिर भी गदाधर बीच-बीच में कोई न कोई ऊटपटांग हरकत करते रहते, जिससे लोगों को लगता कि अभी भी उनमें कुछ दोष बाक़ी है। दरअसल वे कभी ज़मीन पर अपने हाथ-पाँव पटकते तो कभी सिर पटकते और कभी-कभी तो घंटों तक माँ-माँ कहकर पुकारते रहते। जबकि उनकी माँ उनके पास ही होती थीं और

उनसे कहती रहती थीं कि 'मैं तो यहीं पर हूँ, फिर क्यों अपना सिर पटक रहे हो?' उनकी इसी हालत को देखकर लोग उन्हें रोगी समझा करते थे।

फिर एक समय ऐसा आया कि उन्हें नींद आनी बंद हो गई। इस तरह क़रीब छह महीने बीत गए यानी वे छह महीने से सोए नहीं थे। कभी-कभी तो यह हालत हो जाती कि उनकी आँखें लगातार खुली रहतीं और उन्हें बंद करने के लिए भी उँगली का सहारा लेना पड़ता। ऐसी स्थिति में भी वे काली माँ का स्मरण करते रहते और कहते, 'माँ, क्या तुम केवल एक पत्थर की मूर्ति हो, क्या तुम मुझे दर्शन नहीं दे सकती? जब तुमने मेरे भाई को दर्शन दिया तो अब मुझे क्यों नहीं दे रही हो? अगर मैं तुम्हारा दर्शन न कर सकूँ तो मेरे इस जीवन का क्या फायदा?'

जब भी उन्हें माँ का दर्शन नहीं मिलता तो वे कहते, 'आज का दिन बेकार गया, माता का दर्शन ही नहीं हुआ। अच्छा होगा कि अब इस शरीर को ही ख़त्म कर दिया जाए।' फिर जब दर्शन मिल जाता तो कहते, 'होने दो मेरे शरीर को तकलीफ़। वैसे भी मैं शरीर कहाँ हूँ?' यानी वे दोनों तरह की बातें किया करते थे। कभी माता को उलाहना देते और कभी कहते कि 'तुमको जो करना है, करो, जितना मेरे शरीर को तकलीफ़ देनी है, दो, क्योंकि वैसे भी, मैं तो शरीर हूँ ही नहीं।'

गदाधर की एक और आदत ऐसी थी, जो लोगों को ज़रा अजीब लगती थी। दरअसल उन्हें लोगों से दूर, अकेले में बैठना बड़ा पसंद था। इसलिए कभी-कभी वे कामारपुकूर के श्मशान में जाकर बैठ जाते थे। यह देखकर उनके भाई रामेश्वर को बहुत चिंता होती थी। कभी-कभी जब गदाधर काफ़ी देर तक घर नहीं लौटते तो रामेश्वर उन्हें बुलाने श्मशान के पास जाते और बाहर से ही आवाज़ देते, 'गदाधर, तुम कहाँ हो?' यह सुनकर गदाधर तुरंत कहते, 'वहीं रुको, मैं बाहर आता हूँ।' दरअसल वे नहीं चाहते थे कि उनका भाई उन्हें लेने श्मशान के अंदर आए और कुछ देखकर बेवजह डर जाए। इसलिए वे ख़ुद ही श्मशान के बाहर आ जाते थे।

कुछ दिनों बाद जब गदाधर की तबीयत में थोड़ा सुधार आने लगा तो उनकी माँ को उनकी शादी कराने का विचार आया। जल्द ही उन्होंने 6-7 साल की उम्रवाली एक लड़की के साथ गदाधर की शादी करवा दी। उस समय गदाधर की उम्र चौबीस साल से ज़्यादा थी। उस ज़माने में इतनी कम उम्र में लड़कियों की शादी होना आम बात थी।

शादी के बाद जब लड़की के चाचा को पता चला कि गदाधर के घरवालों ने शादी में दुल्हन को जो गहने पहनाए थे, वे भी इधर-उधर से माँगकर लाए थे। इससे वे नाराज़ होकर दुल्हन को अपने साथ वापस ले गए। इस घटना से गदाधर की माँ बहुत दुःखी हुईं। लेकिन गदाधर ने उन्हें समझाया और कहा कि 'तुम घबराओ मत।' इस घटना के पश्चात गदाधर फिर से कोलकाता चले गए।

कुछ लोगों के दिमाग़ में यह बात स्पष्ट होती है कि उन्हें कैसा जीवन जीना चाहिए। वे क़दम-दर-क़दम उसी जीवन की ओर आगे बढ़ते जाते हैं। आम तौर पर ऐसे लोगों की शादी भी ऐसे ही परिवार में होती है, जहाँ उन्हें आगे बढ़ने का मौक़ा मिले। फिर धीरे-धीरे वे ऐसे जीवन में प्रवेश करते हैं, जैसा वे जीना चाहते हैं। गदाधर की शादी भी शारदादेवी के साथ होना, यह ईश्वर की एक लीला ही थी। जिस वजह से गदाधर वैसा जीवन जी पाए, जैसा वे जीना चाहते थे। लेकिन हर एक के साथ ऐसा नहीं होता क्योंकि ज़्यादातर लोग आस-पास के अच्छे लगनेवाले दृश्यों को देखकर अपनी प्रार्थनाएँ बदलते रहते हैं। जिससे वे लंबे समय तक अपने जीवन में ग़लत चीज़ों को ही आकर्षित करते हैं। जब ऐसी ग़लत चीज़ें जीवन में आती हैं तो उनके जीवन का काफ़ी समय उन्हें सुलझाने में ही बीत जाता है। फिर सही तरीक़े से जीने के लिए उनके पास सिर्फ़ थोड़ा सा ही समय बचता है।

९

गदाधर को मिला प्रार्थनाओं का परिणाम

कोलकाता आकर गदाधर की पहले की तरह ही काली माता के मंदिर में दिनचर्या शुरू हो गई। अब भी वे अपने विशिष्ट तरीक़े से ही भक्ति किया करते थे। इस नए दौर में उनकी कुछ नई संभावनाएँ भी खुलीं और उन्होंने कुछ नई साधनाएँ कीं।

जैसे : उन दिनों भैरवी नाम की एक ब्राह्मण स्त्री किसी ऐसे इंसान की तलाश कर रही थी, जो सदैव भक्ति भाव में रहता हो। दरअसल शास्त्रों में बताया गया है कि यदि कोई संपूर्ण भक्ति भाव से जी रहा हो तो उस इंसान से हर किसी को मुलाक़ात ज़रूर करनी चाहिए। इसीलिए वह स्त्री ऐसे इंसान को खोजते हुए एक दिन काली माँ के मंदिर पहुँच गई। उसने गदाधर की भक्ति के बारे में कई लोगों से सुन रखा था। उसने पहली बार गदाधर को देखा और कहा, 'मैं आप ही की तलाश में यहाँ तक आई हूँ।' यह सुनते ही उन्होंने सहज ही उस स्त्री को अपना गुरु स्वीकार कर लिया। जिसके बाद उसने गदाधर को तंत्र साधना सिखाई।

इस प्रकार उनके जीवन में एक-एक करके नए-नए किरदार आते रहे और वे उनसे कुछ न कुछ नया ग्रहण करते रहे। चूँकि उनके साथ हमेशा अच्छे लोग ही जुड़े इसलिए उनकी विचित्र हरकतों के बावजूद उन्हें कोई पागल करार नहीं दे पाया और धीरे-धीरे लोगों के बीच उनके बारे में सकारात्मक राय बनने लगी।

पहले जो लोग गदाधर की भक्ति देखकर उनका मज़ाक उड़ाया करते थे, अब वे भी उनकी भक्ति को समझ पा रहे थे। उस ब्राह्मण महिला भैरवी ने भी लोगों को बताया कि 'ये कोई साधारण पुरुष नहीं बल्कि एक अवतार हैं।' इसके बाद कई लोग गदाधर के साथ शास्त्रार्थ करने भी आने लगे। पुराने ज़माने में जब पंडित और ज्ञानी लोग मिलकर किसी विषय पर चर्चा किया करते थे, उसे 'शास्त्रार्थ' कहा जाता है। इस शास्त्रार्थ में जो विजयी होता, उसके विचारों को सही माना जाता।

गदाधर भी शास्त्रार्थ में सभी के साथ बैठते थे। उनकी विशिष्ट हरकतें देखकर शास्त्रार्थ करने आए हुए लोगों ने भी मान लिया कि ये कोई पागल नहीं बल्कि वाक़ई एक महापुरुष हैं। इसके बाद वहाँ इस विषय पर भी शास्त्रार्थ हुआ कि गदाधर मनुष्य है या अवतार? शास्त्रार्थ के परिणाम के बाद रामकृष्ण ने कहा, 'मेरी ऊटपटांग हरकतों के कारण कई लोग मुझे पागल समझते हैं। कभी-कभी तो मुझे भी लगता कि मुझे कोई रोग है, जिसके कारण मैं ऐसी हरकतें करता रहता हूँ। लेकिन आज आप लोगों के शास्त्रार्थ के बाद से मुझे मालूम हुआ कि कम से कम यह कोई रोग नहीं है।'

गदाधर को इस बात से कोई लेना-देना नहीं था कि वे अवतार हैं या कोई साधारण पुरुष। इससे उनकी मासूम भक्ति झलकती है। अब गदाधर ख़ुद ज्ञान की खोज में थे और काली माता को पुकारते रहते थे। उनकी पुकार में जो भाव थे, वे भाव जब भाप बने तो उसके परिणास्वरूप उनके जीवन में गुरु के रूप में तोतापुरी महाराज आए। वे ऐसे गुरु थे, जो गदाधर में उच्च संभावनाओं को महसूस कर सकते थे।

उन्हें दिखाई पड़ता है कि गदाधर के शरीर में ऐसी अवस्था तैयार हो रही है, जो पूर्णता की तरफ़ पहुँच रही है। वहाँ पूर्णता संभव है और उसके लिए प्रोत्साहन देने की ज़रूरत है। ऐसा होने पर वह मुक्त हो जाएगा, अर्थात वहाँ चेतना खुल जाएगी और परम चेतना अनुभूत होगी। तोतापुरी महाराज गदाधर में ऐसी ही कई संभावनाएँ देख रहे थे।

जिस तरह गदाधर प्रार्थनाएँ करते थे, जब इंसान से वैसी प्रार्थनाएँ

होने लगती हैं तो उसकी 'सीधी संवाद सूची*' भी तैयार होने लगती है। इंसान की प्रार्थना में बल आता है और उसका भाव भाप बनता है। इसके बाद सीधे समाधान प्रकट हो जाते हैं।

आज आपके जीवन में कई चीज़ें हो रही हैं... ऐसी भी कई चीज़ों के संकेत हैं, जो आगे होना चाहती हैं... और कई चीज़ों के लिए आप प्रार्थनाएँ भी कर रहे हैं। जब आपकी प्रार्थनाओं में बल आ जाएगा तो आपको सीधे समाधान मिलेगा। लेकिन यदि वह समाधान आज के बजाय कल आनेवाला होगा तो आज के दिन भी आप उतने ही परेशान रह सकते हैं, जितने एक साल पहले थे। एक बार समाधान मिलने के बाद आप समस्या से मुक्त हो जाते हैं लेकिन फिर भी जब तक समाधान इंसान के सामने नहीं आता, तब तक वह अपना विश्वास बरकरार नहीं रख पाता। ऐसे में प्रार्थना करना बंद न करें बल्कि विश्वास रखते हुए प्रार्थना को बल देते रहें। **प्रार्थना में आपको उस चीज़ का वर्णन नहीं करना है, जो आपको अपने जीवन में नहीं चाहिए बल्कि उस चीज़ पर अपना ध्यान केन्द्रित करना है, जो आपको चाहिए।**

गदाधर के अंदर काली माता के प्रति प्रार्थना उठ रही थी कि 'तुम कब मेरे साथ रहोगी? मुझे तुम्हारे हृदय में स्थान कब मिलेगा?' उनकी प्रार्थना से फलस्वरूप तोतापुरी महाराज गुरु रूप में उनके जीवन में आ गए।

---

*कुदरत से सीधे उसी चीज़ की माँग करना, जो आपको वाक़ई में चाहिए।

खण्ड 3

भक्ति को मिला ज्ञान

10

निराकार अनुभव की प्राप्ति

एक दिन गदाधर गंगा तट पर भजन गा रहे थे। कई सारे लोग उनका भजन सुन रहे थे। उस समय तोतापुरी महाराज वहीं से गुज़र रहे थे। भजन की आवाज़ सुनते-सुनते वे गंगा तट पर आ गए और लोगों के बीच से गुज़रते हुए गदाधर तक पहुँचे। गदाधर को देखकर उन्हें एहसास हो गया कि यह उच्चतम ज्ञान को प्राप्त करने योग्य इंसान है। भजन समाप्त होने के बाद उन्होंने गदाधर से कहा, 'मैं वेदांत का पंडित हूँ और तुम्हें अद्वैत का ज्ञान दे सकता हूँ। क्या तुम्हें यह ज्ञान चाहिए?' इस पर गदाधर ने कहा, 'हाँ, बिलकुल चाहिए लेकिन पहले मुझे मेरी माता से आज्ञा लेनी पड़ेगी।' यह सुनकर तोतापुरी महाराज को लगा कि शायद गदाधर घर जाकर अपनी माँ से पूछकर आएँगे। उन्हें पता नहीं था कि गदाधर अपनी काली माता से पूछने के लिए मंदिर में जाने की बात कर रहे हैं।

जिस प्रकार आप अपने हृदय से सवाल पूछते हैं, उसी प्रकार गदाधर अपनी काली माता की मूर्ति के सामने जाकर सवाल पूछते थे। वह उनका हृदय स्थान था। उन्होंने माता के सामने जाकर कहा, 'तोतापुरी महाराज आए हुए हैं और मुझे अद्वैत का ज्ञान देना चाहते हैं। माँ, क्या मुझे उनसे ज्ञान लेना चाहिए?' यह पूछने पर उन्हें अपने हृदय से (माता) जवाब मिला, 'वे तुम्हारे लिए ही तो यहाँ तक आए हैं।'

आगे तोतापुरी महाराज ने उनसे कहा कि 'ज्ञान प्राप्ति के लिए सबसे पहले तुम्हें संन्यासी बनना होगा और दीक्षा प्राप्त करनी होगी,' इस पर गदाधर ने कहा, 'अगर मैं संन्यासी बन गया तो मेरी माँ को बहुत दुःख

होगा। मैं उनकी आज्ञा लिए बग़ैर संन्यास दीक्षा नहीं ले सकता।' अब यहाँ गदाधर अपनी जन्म देनेवाली माँ की बात कर रहे थे। तोतापुरी महाराज ने गदाधर की पात्रता देखते हुए कहा, 'यदि ऐसा है तो ठीक है, मैं तुम्हें गोपनीय ढंग से दीक्षा दे देता हूँ, जिससे तुम्हें संन्यासी बनकर जीने की आवश्यकता नहीं है।' गदाधर इसके लिए तुरंत मान गए।

फिर तोतापुरी महाराज गदाधर को एक एकांत जगह पर ले गए, जहाँ एक झोपड़ी थी और कुछ चीज़ों की व्यवस्था पहले से करके रखी गई थी। वहाँ सबसे पहले गदाधर के बाल काटे गए, उनसे प्रार्थनाएँ करवाई गईं, जल ग्रहण करवाया गया और फिर आख़िर में उन्हें दीक्षा दी गई। इस दौरान गदाधर से जो प्रार्थना करवाई गई, वह इस प्रकार थी – 'अब मैं पूरे विश्व को अभयदान देता हूँ, इसका अर्थ है कि विश्व के किसी भी प्राणी को मुझसे ख़तरा नहीं है। मैं हिंसा से मुक्त हूँ, मुझसे किसी के प्रति कोई हिंसा नहीं होगी।' फिर उन्हें नेति-नेति का ज्ञान प्रदान किया गया।

अद्वैत, वेदांतों में नेति-नेति का अर्थ है, 'यह भी नहीं, वह भी नहीं।' 'मैं भी नहीं, तू भी नहीं।' जो भी आपके सामने आ रहा है, उसे नेति-नेति के साथ समझेंगे कि 'मैं यह भी नहीं और वह भी नहीं' या 'यह भी मेरा नहीं और वह भी मेरा नहीं।' लेकिन याद रखें कि भक्ति के साथ ऐसा नहीं होता है। भक्ति में यह भी वह है और वह भी वह है यानी दोनों एक हैं। सब रब है।

दीक्षा के बाद गदाधर नेति-नेति ध्यान करने बैठते थे और इस दौरान जो भी विचार आते, उसे वे कहते, 'यह भी नहीं... यह भी नहीं...' जैसे आप किसी चीज़ को ढूँढ़ रहे हों और बीच-बीच में आपको कुछ अन्य चीज़ें मिलती जाएँ तो आप कहते हैं, 'यह वह नहीं... वह भी वह नहीं... ये सब चीज़ें यहाँ हैं लेकिन मेरी नहीं हैं...' ठीक इसी तरह अगर आप कहीं भीड़ में अपने किसी रिश्तेदार को ढूँढ़ रहे हों तो आपकी नज़रों के सामने कई लोग आते हैं। लेकिन आपके सामने से गुज़रनेवाले हर अजनबी इंसान से आपकी नज़र तुरंत हट जाती है क्योंकि वह आपका

रिश्तेदार नहीं होता। ठीक इसी तरह से विचारों से भी आपकी नज़र तुरंत हटनी चाहिए। आधुनिक नेति-नेति ध्यान करते समय बीच में जब विचार आएँ तो आपको कहना है, 'अगला... अगला... अगला... नेक्स्ट।' ऐसा करने से विचारों को कोई शक्ति नहीं मिल पाएगी और वे विलीन हो जाएँगे फिर आप विचारों में अटकेंगे नहीं।

गदाधर उस समय ऐसा ही ध्यान कर रहे थे, मगर उनसे वैसा ध्यान नहीं हो पा रहा था, जैसा तोतापुरी महाराज चाहते थे। तोतापुरी महाराज ने पूछा, 'क्या बात है? ऐसी कौन सी दिक्क़त आ रही है, जो ध्यान ठीक से नहीं हो पा रहा है?' तब उन्होंने बताया, 'ध्यान करते वक़्त बीच में माता का चित्र सामने आ जाता है, फिर मुझसे नेति-नेति ध्यान हो ही नहीं पाता और अंदर से वह विचार नहीं निकल पाता कि यह भी नहीं... वह भी नहीं... क्योंकि माता को देखकर मैं उन्हीं में खो जाता हूँ।' गदाधर की यह समस्या सुनकर तोतापुरी महाराज ने एक उपाय निकाला। उन्होंने अपने नज़दीक पड़े एक शीशे के टुकड़े को उठाया और उससे गदाधर की दोनों आँखों के बीच में एक खरोंच मारकर बोले, 'मैंने तुम्हें जहाँ पर खरोंचा है, वहाँ ध्यान करो।' गदाधर को ध्यान में बैठा देख, तोतापुरी महाराज वहाँ से चले गए। अगले तीन दिन तक गदाधर ध्यान करते रहे। बीच-बीच में तोतापुरी महाराज ध्यान में बैठे गदाधर को देखने आते और कुछ पलों बाद वापस लौट जाते।

जब हृदयराम ने देखा कि गदाधर एक पेड़ के नीचे बैठकर, बिना कुछ खाए-पिए तीन दिन से लगातार ध्यान कर रहे हैं, तो उसे उनकी चिंता होने लगी। वह तुरंत तोतापुरी महाराज के पास गया और उनसे पूछा, 'महाराजजी, ये आपने क्या कर दिया है? पुजारीजी ने तीन दिनों से कुछ भी नहीं खाया-पिया... कहीं उन्हें कुछ हो न जाए... आप कुछ कीजिए... कहीं उनकी मृत्यु न हो जाए...' यह सुनकर तोतापुरी महाराज उठे और जाकर गदाधर की ध्यानावस्था का अवलोकन किया। उन्हें आश्चर्य हुआ क्योंकि यह अनुभव पाने में उन्हें स्वयं 30 सालों से अधिक समय लगा था, जबकि उनके शिष्य गदाधर ने उसे 3 दिनों में प्राप्त किया।

कई दिनों बाद रामकृष्ण परमहंस ने अपने शिष्य को बताया कि जब निराकार अवस्था का दर्शन हो रहा था तब उससे पहले उन्हें तीसरे नेत्र पर काली माँ का दर्शन हो रहा था। उस समय वे काली माँ की तरफ़ देख रहे थे। लेकिन जब वे अंतिम अवस्था में पहुँचे तब वे काली माँ की आँखों से ही देख रहे थे। इसका अर्थ ही गदाधर और काली माँ एक हो गए थे। माथे के ज़ख्म पर ध्यान देते-देते वे शरीर से, ज़ख्म से और पीड़ा से भी मुक्त हो गए। ध्यान में सब कुछ विलीन हो गया। काली माता का विस्तृत रूप प्रकाश में बदल गया और वे उसके अंदर खो गए। इस प्रकार उन्होंने निराकार अवस्था के दर्शन का वर्णन किया।

गदाधर जैसा शिष्य पाकर तोतापुरी महाराज 11 महीनों तक दक्षिणेश्वर में रुके रहे। जबकि वे किसी भी जगह पर अधिक से अधिक 10-11 दिनों तक ही रुकते, फिर वे वहाँ से निकल पड़ते थे। गदाधर के साथ बिताए गए 11 महीनों में उनके बीच गुरु और शिष्य की लाजवाब जोड़ी बन गई।

गदाधर ने गुरु का मार्ग पूरी ईमानदारी से अपनाकर देखा। ज्ञान पाने की अपनी तीव्र शुभेच्छा के चलते ही वे गुरु द्वारा बताए गए ध्यान में अपनी ओर से सौ प्रतिशत दे पाए। विशेष बात यह थी कि ज्ञान प्राप्ति के बाद भी गदाधर नियमित रूप से माता के मंदिर में जाकर पूजा-पाठ किया करते थे और माता की भक्ति में लीन होते थे।

तोतापुरी महाराज काली माता के मंदिर में जाकर गदाधर से वार्तालाप भी किया करते थे और ग़ौर करते रहते थे कि 'गदाधर मंदिर में क्या कर रहा है?' उन्हें गदाधर की भक्ति देखकर आश्चर्य होता था। वे सोचते कि 'निराकार का दर्शन करने के बाद भी कोई भक्ति कैसे कर सकता है?' मगर गदाधर की निष्कपट मासूम भक्ति देखकर तोतापुरी महाराज के विचार बदल गए, जो ऐसे पूजा-पाठ को केवल ढोंग समझते थे। जब किसी तीर्थस्थान पर लोग पूजा-पाठ करते हैं तो कई लोग यह धारणा बना लेते हैं कि यह सब ढोंग चल रहा है... ऐसी पूजा करनेवाले पुजारी भक्ति के नाम पर लोगों से पैसे हड़प रहे हैं... तोतापुरी महाराज समझ गए

थे कि गदाधर ऐसा पुजारी नहीं जो पैसों के लिए माता की भक्ति करे। वे एक सच्चे गुरु थे इसलिए उन्होंने मनन किया और उन्हें गदाधर की भक्ति से ही निराकार के आगे का इशारा मिल गया। आश्चर्यजनक बात यह थी कि **गदाधर की भक्ति को निराकार ज्ञान मिला और तोतापुरी महाराज के ज्ञान को भक्ति मिली,** जो उनमें पहले नहीं थी। 11 महीनों की अवधि के बाद तोतापुरी महाराज पूर्णता के साथ ही वहाँ से गए और जाने से पहले गदाधर को '**रामकृष्ण परमहंस**' की उपाधि दे गए।

11

हर मार्ग से सत्य प्राप्ति

रामकृष्ण परमहंस के जीवन की एक अहम क्रिया थी, हर मार्ग पर चलकर सत्य प्राप्त करना। आज तक पृथ्वी पर जितने भी महापुरुष हुए हैं, वे अपने-अपने समय की ज़रूरत के अनुसार ही हुए हैं। रामकृष्ण के समय में लोग जाति-धर्म के भेदभाव में उलझे रहते थे और ऐसे विचारों में फँसे रहते थे कि फलाँ मार्ग श्रेष्ठ है या फलाँ मार्ग निम्नस्तरीय है। ऐसे समय में रामकृष्ण परमहंस ने साबित किया कि हर मार्ग का अंत सत्य पर ही होता है और अंतिम सत्य को किसी भी मार्ग पर चलकर प्राप्त किया जा सकता है।

रामकृष्ण परमहंस को पता था कि जो माता की इच्छा होगी, वही होनेवाला है और माता जो नहीं चाहेंगी, वह किसी भी हाल में नहीं हो सकता। उस समय जो लोग उनके पास आते थे, वे आम तौर पर यह मानते थे कि 'मैं बहुत मेहनत करता हूँ इसलिए मेरे सारे काम पूरे हो जाते हैं।' इस पर रामकृष्ण कहते कि 'अगर ईश्वर नहीं चाहता कि तुम्हारे द्वारा फलाँ काम हो और फिर भी तुम उस काम को करना चाहते हो तो क्या ऐसे में तुम वह काम पूरा कर पाओगे?' ये सुनकर लोग निरुत्तर हो जाते। उन्हें समझ में आता कि हमारी सोच ग़लत थी।

रामकृष्ण परमहंस जहाँ भी जाते, वहाँ कभी किसी को देखकर कहते कि 'इस इंसान के अंदर कुछ (अलौकिक) है।' अन्य समूहों के अलावा वे ब्रह्म समाज में भी जाते। वहाँ जो लोग भाषण देते थे, उनसे वे पूछते, 'ईश्वर के बारे में आपका अनुभव क्या है? आपको ईश्वर का

दर्शन कैसे हुआ है?' इस तरह के सवाल वे हर किसी से पूछते थे।

एक मुसलमान से मुलाक़ात

रामकृष्ण परमहंस ने परम-अनुभव में स्थापित होने के बाद अलग-अलग प्रयोग करके देखे। जैसे वे मुस्लिम धर्म की राह पर चले ताकि उनके तरीक़े से अनुभव प्राप्त करके देख सकें और यह जान सकें कि उनका भगवान या अल्लाह कैसा है।

उनकी मुलाक़ात सूफ़ी पंथ पर चलनेवाले गोविंद राय नाम के इंसान से हुई। सूफ़ी बनने से पहले गोविंद राय एक क्षत्रिय थे। रामकृष्ण ने गोविंद राय से भी पूछा कि 'सूफ़ी बनकर आपको क्या अनुभव हुआ?' गोविंद राय ने अपने तरीक़े से अपने अनुभवों के बारे में बताया, 'हम फलाँ तरीक़े से प्रार्थना करते हैं... फलाँ क़िस्म के वस्त्र पहनते हैं... फलाँ टोपी पहनते हैं... गोल-गोल घूमते हैं...' वगैरह। यह सब सुनते ही रामकृष्ण परमहंस ने कहा, 'मुझे भी ऐसा करना है।' और फिर वे भी मुसलमानों की तरह टोपी पहनने लगे... दाढ़ी भी रख ली... नमाज़ पढ़ने लगे... अल्लाह-अल्लाह कहने लगे। उस समय काली का नाम भी उनकी ज़ुबान पर नहीं आता था।

मंदिर में काफ़ी सारे लोग आने लगे थे। उनमें से जो लोग रामकृष्ण के मुख से अल्लाह का नाम सुन लेते, वे हैरान रह जाते और फिर इस बारे में आपस में तरह-तरह की बातें करते। यह सब देखकर हृदयराम को चिंता होने लगी कि 'अगर श्री रामकृष्ण ही अल्लाह का नाम लेंगे तो लोग इन्हें पागल समझ लेंगे।' यह देखकर अक्षय ने हृदयराम को समझाते हुए कहा, 'चिंता मत करो। जिस तरह तुम काली के नाम का जाप करते हो, वैसे ही रामकृष्ण अल्लाह के नाम का जाप करते हैं। इसलिए परेशान मत हो, बस यह देखते रहो कि आगे क्या होता है।'

दरअसल श्री रामकृष्ण अगले कुछ समय तक अल्लाह-अल्लाह कहते हुए उसी भावावस्था में रहना चाहते थे। कुछ दिनों बाद उन्होंने हृदयराम से कहा, 'मुझे मांस खाना है।' यह सुनकर हृदयराम का तो

सिर ही घूम गया। उसे लगा कि 'एक ब्राह्मण परिवार में पैदा हुआ इंसान मुसलमानों की तरह मांस क्यों खाना चाहता है।' जबकि श्री रामकृष्ण मांस खाकर यह देखना चाहते थे कि क्या इससे जीवन में कोई परिवर्तन होता है। यह सब वे इसलिए कर रहे थे क्योंकि वे हर मार्ग की तरह इस मार्ग को भी एक बार पूर्ण तरीक़े से अपनाकर देखना चाहते थे। वे सफल भी हुए फिर वापस माता की भक्ति में लग गए।

एक क्रिश्चियन से मुलाक़ात

एक दिन श्री रामकृष्ण की मुलाक़ात मलिक नाम के एक इंसान से हुई, जो ईसाई धर्म को मानता था। उसके घर में उन्होंने जीज़स के चित्र देखे और एक ऐसा चित्र देखा, जिसमें एक बच्चा अपनी माँ की गोद में था। वह चित्र देखते ही रामकृष्ण भाव समाधि में चले गए। समाधि के बाद उन्होंने जीज़स को जानने की इच्छा प्रकट की। यह सुनकर मलिक ने कहा, 'जीज़स को जानने के लिए आपको *बाइबल* पढ़नी होगी।' रामकृष्ण ने कहा कि 'मैं तो अनपढ़ हूँ। आप ही मुझे एक-एक करके *बाइबल* के सारे अध्याय सुना दिया करें।' इसके बाद वे प्रतिदिन मलिक के घर पर *बाइबल* के श्रवण के लिए जाने लगे और तब तक ऐसा करते रहे, जब तक उन्हें जीज़स की चेतना महसूस नहीं होने लगी।

रामलल्ला की सेवा और भक्ति

अगर आप किसी चेतना को समझना चाहते हैं तो आपको उस चेतना में प्रवेश करना होगा, तभी आप उसे जान सकते हैं। एक बालक के रूप में रामकृष्ण ने राम की भक्ति की थी। उस वक़्त कुछ ऐसे लोग भी थे, जो राम के बाल्य रूप को ईश्वर मानकर उसकी आराधना करते थे। इसे वे रामलल्ला कहते थे। जब रामकृष्ण को पता चला कि रामलल्ला की सेवा करने से उनकी भक्ति जाग्रत होगी तो उन्होंने वह भी करके देखा। एक बार इस बारे में अपना अनुभव बताते हुए उन्होंने कहा कि 'मुझे सीता मैय्या के दर्शन भी हुए।'

स्त्री बनकर भक्ति

वहीं दूसरी ओर बंगाल में एक ऐसा संप्रदाय है, जिसमें लोग स्वयं को स्त्री मानते हैं। वहाँ पुरुष भी स्त्री बनकर कृष्ण की प्रेमिका के रूप में रहते हैं। रामकृष्ण परमहंस ने इस संप्रदाय का भी अनुकरण किया और महिलाओं के कपड़े पहनकर स्त्री रूप धारण कर लिया।

यहाँ महत्त्वपूर्ण बात यह है कि जब इंसान को असली बात समझ में आ जाती है तो वह किसी भी मार्ग पर चले, उसे एक ही अनुभव प्राप्त होता है। ध्यान मार्ग हो या जप मार्ग या फिर ईसाइयों का प्रार्थना मार्ग, ये सब हमें परम अनुभव की ओर ले जाते हैं। हर धर्म के मार्ग पर चलते हुए रामकृष्ण परमहंस ने उनकी साधनाएँ की। आप सत्य की यात्रा में किसी भी मार्ग का प्रयोग करें, आपको वही परम अनुभव प्राप्त होगा। एक बार जब इंसान को यह बात समझ में आ जाती है तो फिर उसके रास्ते की सारी बाधाएँ समाप्त हो जाती हैं।

उन्होंने सत्य की ओर ले जानेवाले हर मार्ग पर स्वयं चलकर देखा। हालाँकि स्वअनुभव प्राप्त करने के बाद उन्हें यह सब करने की आवश्यकता नहीं थी लेकिन जिस तरह स्वअनुभव पा चुके महापुरुष अलग-अलग अभिव्यक्ति और अलग-अलग कार्य करते हैं, वैसे ही रामकृष्ण परमहंस भी अभिव्यक्ति कर (निमित्त बन) रहे थे। लेकिन सामान्यत: आम लोग ऐसी बातों को समझ नहीं पाते इसलिए रामकृष्ण परमहंस को वास्तव में कैसा अनुभव हुआ, ये बातें कहीं भी दर्ज नहीं हुईं। लोगों को बाहर से जितना दिखाई देता है, बस उतनी ही बातें दर्ज हो पाती हैं। जैसे यह बात कि 'रामकृष्ण परमहंस ने स्त्रियों के कपड़े पहनकर, स्त्री बनकर ही रहना शुरू कर दिया था।' जबकि उनके लिए तो यह केवल एक अभिव्यक्ति थी। उन्हें जो अनुभव पाना था, वह तो उन्हें पहले ही मिल चुका था। उन्होंने हर प्रकार के कर्मकाण्ड करके देखे क्योंकि वे यह सुनिश्चित करना चाहते थे कि जो चीज़ वे जान चुके हैं, उसे वे हर मार्ग से पा सकते हैं।

हर धर्म में एक ही अनुभव

रामकृष्ण परमहंस को यह विश्वास हो गया था कि **स्वअनुभव प्राप्त करने के बाद उसे भूला नहीं जा सकता। सारे धर्म या सारे मार्ग एक-दूसरे से चाहे जितने अलग हों लेकिन अनुभव तो एक ही है।** हर धर्म अपनाकर, हर मार्ग पर चलकर एक ही अनुभव प्राप्त होता है। धर्म बदलने से अनुभव नहीं बदलता। आत्मसाक्षात्कार पा चुके महापुरुषों ने केवल प्रेम की वजह से अलग-अलग प्रकार के कर्मकाण्ड भी किए ताकि लोगों को दुःख न हो। वे कर्मकाण्डों का महत्त्व जानते थे और उन्हें यह एहसास था कि अगर किसी इंसान को कर्मकाण्ड महत्त्वपूर्ण नहीं लगते तो यह ज़रूरी नहीं है कि अन्य इंसान को भी कर्मकाण्ड की आवश्यकता महसूस न हो। कई बार कर्मकाण्डों से मन की एकाग्रता मिलती है और भक्ति जगने की संभावना खुलती है।

कई बार जब लोग अपने बच्चों को कोई कर्मकाण्ड करना सिखाते हैं तो बच्चों के साथ-साथ वे ख़ुद भी वह कर्मकाण्ड करते हैं। जैसे : अगर बच्चे की परीक्षा नज़दीक हो और उसके लिए पढ़ाई करना ज़रूरी हो तो कई बार पिता भी अपने ऑफ़िस की कुछ फ़ाइल्स लेकर उसके साथ बैठ जाते हैं ताकि बच्चे को ऐसा न लगे कि वह अकेला ही पढ़ाई कर रहा है। बच्चे के साथ बैठकर वे अपना काम करते रहते हैं और बच्चा अपनी पढ़ाई करता रहता है। हालाँकि उस समय पिता को ऑफ़िस का काम लेकर बैठने की आवश्यकता नहीं होती लेकिन अपने बच्चे के लिए वे ऐसा करते हैं।

इससे आप समझ सकते हैं कि भले ही कर्मकाण्डों की आवश्यकता न हो लेकिन कर्मकाण्ड इसलिए बनाए गए हैं ताकि लोगों को एकाग्र कर कुछ बातें सिखाई जा सकें। रामकृष्ण परमहंस को भी अलग-अलग मार्गों से सत्य जानने की आवश्यकता नहीं थी लेकिन उन्होंने ऐसा किया क्योंकि वे लोगों की भलाई के लिए, उन्हें सत्य की राह पर लाने के लिए काम करना चाहते थे। अपने इस तरीक़े से उन्होंने लोगों को संदेश दिया कि 'मैंने अलग-अलग मार्ग से जाकर देखा, अलग-अलग धर्म का

अनुकरण करके देखा और हर धर्म से, हर रास्ते से मुझे वही सत्य प्राप्त हुआ, जो मुझे पहले से ही मिल चुका था। इसलिए धर्मों में भेद करना छोड़ दें।' लोगों को यह जानकर ख़ुशी मिलती है कि 'रामकृष्ण परमहंस ने हमारे मार्ग का चुनाव किया।' इससे प्रेरणा पाकर लोग भी सत्य की राह पर चलना शुरू कर देते हैं।

रामकृष्ण परमहंस को कोई दुःख नहीं था, फिर भी उन्होंने उपवास किए, मुसलमानों की तरह रोज़े रखे। सत्य मिलने के बाद भी उन्होंने ये सब किया क्योंकि उनके लिए यह कोई कर्मकाण्ड नहीं बल्कि मौज़ थी, अभिव्यक्ति थी। उन्होंने हर कर्मकाण्ड को अभिव्यक्ति के रूप में ही देखा इसीलिए वे कभी उनमें अटके नहीं। लोगों को परम लाभ मिले, बस यही उनका उद्देश्य था।

12

संसारियों के लिए भक्ति सूत्र

सन ऑफ़ गॉडेस यानी देवी माँ का पुत्र
सर्च ऑफ़ गॉड यानी ईश्वर की खोज
सेंस ऑफ़ गॉड यानी ईश्वर का आभास
सायन्स ऑफ़ गॉड यानी ईश्वर का विज्ञान

उपर्युक्त शब्दों को पढ़कर आपके मन में जो विचार आए या ईश्वर की खोज से आपके मन में जो चित्र बनता है, सत्य प्राप्ति की शुरुआत उसी से होती है। ग़ौर करें कि 'सेंस ऑफ़ गॉड' शब्द पढ़कर आपको अपने भीतर कौन सा आभास होता है? 'सायन्स ऑफ़ गॉड' पढ़कर सोचें कि ईश्वर का विज्ञान कैसा होगा? क्या ईश्वर का विज्ञान वैज्ञानिकों के विज्ञान से मिलता-जुलता होगा या फिर उसे समझने के लिए चेतना की एक अलग अवस्था की ज़रूरत होगी? इसके अलावा एक और शब्द है, 'सन ऑफ़ गॉड' यानी ईश्वर का पुत्र। इसे पढ़कर आपके मन में तुरंत जीज़स की तसवीर आएगी। ठीक इसी तरह 'सन ऑफ़ गॉडेस' का अर्थ है देवी माँ का पुत्र यानी 'रामकृष्ण परमहंस।'

एक बार कुछ बुद्धिवादियों, तर्कशास्त्रियों और संस्कृत के श्लोकों के ज्ञाताओं ने रामकृष्ण परमहंस से सवाल पूछा, 'ज्ञाता, ज्ञान और ज्ञेय में क्या फ़र्क़ है?' इस पर उन्होंने कहा, 'भले मानुस, मुझे इन शब्दों का कोई ज्ञान नहीं। मुझे तो केवल दो ही बातें मालूम हैं। एक मैं माता को जानता हूँ, दूसरा यह जानता हूँ कि मैं माता का पुत्र हूँ। मुझे सिर्फ़ इतना ही मालूम है।'

इसके बाद भी उनके यहाँ ऐसे लोग आकर सवाल पूछते रहते क्योंकि वे रामकृष्ण परमहंस की भक्ति देखना चाहते थे या फिर उनके शब्दों के पीछे का भाव समझना चाहते थे। जबकि अगर रामकृष्ण परमहंस को समझना है तो एक ही तरीक़ा है और वह है, उनकी चेतना में जाकर उन्हें समझना।

ईश्वर को माया से छाँटो

दूध से पानी को अलग करने की कला केवल हंस को ही आती है। वह गिलास में रखा दूध पीता है और पानी गिलास में ही रह जाता है। जिस प्रकार दूध में पानी घुल जाता है, उसी तरह रामकृष्ण परमहंस के अनुसार ईश्वर भी माया यानी संसार में घुल गया है और अब उसे माया से अलग करना है। पृथ्वी पर बहुत कम लोग ही यह कला जानते हैं। वे ईश्वर को माया से छाँटकर आनंद लेते हैं। आपको भी छाँटने की यह कला सीखनी है।

माया के इस संसार में रहते हुए, समय के साथ आपको अपने अंदर कुछ अच्छी आदतें विकसित करनी हैं, जिनकी मदद से आप माया में रहते हुए और चारों तरफ़ माया का तांडव होते हुए भी ईश्वर की खोज (सर्च ऑफ़ गॉड) कर पाएँ... ईश्वर का आभास (सेंस ऑफ़ गॉड) कर पाएँ... ईश्वर का विज्ञान (सायन्स ऑफ़ गॉड) का प्रसार कर पाएँ। उसके बाद आप ईश्वर के अंश (सन ऑफ़ गॉड) और देवी माँ के पुत्र (सन ऑफ़ गॉडेस) जिस चेतना में रहते हैं, उस चेतना में रह पाएँगे। इस पुस्तक द्वारा आपको ये संकेत इसलिए दिए जा रहे हैं ताकि आप भक्ति के सहारे, भक्ति के भक्त बनकर सत्य की राह पर आगे बढ़ पाएँ।

जब आपको अपने जीवन में भक्ति की भूमिका और भक्ति का सूत्र समझ में आ जाएगा तो आप स्वयं को इस माया में भी सँभाल पाएँगे। वरना संसारी लोगों को तो सत्य की राह पर चलना और सत्य पाना भी नामुमकिन ही लगता है। संसारी लोग अपने कुछ विचारों के कारण ही सत्य की राह पर चलने के लिए कतराते हैं, जैसे एक संसारी भला सत्य

कैसे प्राप्त कर सकता है... संसारी पर कितनी सारी ज़िम्मेदारियाँ होती हैं... आज के समय में तो यह बिलकुल संभव नहीं है... वगैरह। जबकि रामकृष्ण परमहंस भी एक संसारी ही थे लेकिन फिर भी वे सत्य की राह पर चले।

रामकृष्ण परमहंस से भी पूछा गया था कि 'संसारी लोगों के लिए सत्य प्राप्ति कैसे संभव है?' तब उन्होंने संसारियों के लिए एक भक्ति सूत्र दिया, **'आप अपना एक हाथ ईश्वर के हाथ में दे दें और दूसरे हाथ से काम करें। जब दिन के अंत में आपके सारे काम समाप्त हो जाते हैं, तब अपना दूसरा हाथ भी ईश्वर को दे दें।'** यदि गहराई से देखा जाए तो इस सूत्र का अर्थ यह है कि इंसान के होश का एक हिस्सा तो ईश्वर की भक्ति में लगा हुआ है, जो तेजस्थान (हृदय) पर, अपने स्वअनुभव पर है, जबकि होश के दूसरे हिस्से से इंसान सांसारिक कार्य कर रहा है। इन सांसारिक कार्यों को छोड़ना नहीं है लेकिन भक्ति भी करते रहना है। यह सहज ही संभव है। समय का सही उपयोग करते हुए हर इंसान यह कर सकता है। जैसे ही आपके सारे कार्य पूरे हो जाते हैं तो आप संपूर्ण रूप से समर्पित हो जाते हैं।

जब इंसान को अपने जीवन का लक्ष्य समझ में आ जाता है तो वह आसानी से भक्ति सूत्र पर कार्य कर पाता है। यदि लक्ष्य ही पता न हो तो इंसान बेवजह अपना काम बढ़ाता रहता है। इसकी वजह से वह अपना एक हाथ ईश्वर के हाथों में दे ही नहीं पाता। लेकिन जिसके पास बहानों के लिए कोई समय नहीं है, उसके लिए आगे का रास्ता ख़ुद-ब-ख़ुद बनता चला जाता है। रामकृष्ण परमहंस ने संसारी लोगों को ज्ञान देते हुए कहा, **'आपके जो भी रिश्तेदार हैं, उनके साथ ऐसा व्यवहार करें, जैसे कि आपको उनसे बहुत प्रेम हो। लेकिन दिल में यह बात भी याद रखें कि आपका कोई भी रिश्तेदार आपका नहीं है।'**

अगर इस भक्ति सूत्र को ही जीवन का लक्ष्य बना लिया जाए तो न संसार बहाना बनेगा... न शादी बहाना बनेगी... न बच्चे... न ऑफ़िस... और न आजीविका बहाना बनेगी। फिर माया से संबंधित कोई भी चीज़

आपको भक्ति करने से रोक नहीं पाएगी। हर तरफ़ से आपको सहयोग ही मिलेगा।

13

भक्ति के दो प्रकार

अहेतु की भक्ति

भक्ति सूत्र को समझने के साथ-साथ आपको रामकृष्ण परमहंस द्वारा हुई भक्ति भी समझनी है, जो उन्होंने अपने शिष्यों को बताई। उनके पास संसारी, संन्यासी, युवा और बूढ़े हर तरह के शिष्य आते थे। रामकृष्ण परमहंस ने सभी को 'अहेतु की भक्ति' दी। अहेतु की भक्ति यानी जिसमें कोई हेतु न हो, उद्देश्य न हो और न ही कोई योजना हो। आज इंसान जो कुछ भी करता है, उसके पीछे उसकी कोई न कोई योजना ज़रूर होती है। इंसान किसी की तारीफ़ भी करता है तो उसके पीछे भी कोई न कोई योजना होती है। जैसे : 'तारीफ़ करने पर वह इंसान हमारा काम पहले पूरा करेगा... हमसे ख़ुश होगा तो काम भी जल्दी होगा... फ़िलहाल उसे ख़ुश करना हमारे लिए ज़रूरी है...' वगैरह। जब काम पूरा हो जाता है तो फिर तारीफ़ भी बंद हो जाती है। यह हेतु की भक्ति है।

एक सच्चा भक्त ईश्वर से कहता है, 'तुम मुझे प्रेम करो या न करो, इससे मुझे कोई फ़र्क़ नहीं पड़ता। मैं तो तुमसे प्रेम करता रहूँगा।' इंसान की सोच इससे विपरीत होती है। जैसे : इंसान सोचता है कि 'मैं अपने भाई से, बहन से, पति से, पत्नी से, पिता से या माँ से प्रेम करता हूँ इसलिए इन्हें भी मुझसे प्रेम करना चाहिए... मैं हर साल अपने मित्र का जन्मदिन याद रखता हूँ, उसे जन्मदिन की बधाई देता हूँ तो उसे भी हर साल मेरा जन्मदिन याद रखना चाहिए और मुझे बधाई देनी चाहिए... अगर उसने ऐसा नहीं किया तो हमारी दोस्ती ख़त्म...' इसका अर्थ है

कि इंसान केवल प्रेम के बदले में प्रेम ही नहीं माँगता बल्कि वह ये भी चाहता है कि उसने जैसा प्रेम किया है, सामनेवाले को भी वैसा ही प्रेम करना चाहिए। यहाँ इंसान को यह बात समझ में नहीं आती कि हर एक के प्रेम करने का तरीक़ा अलग होता है।

जैसे : कोई प्रेम में सामनेवाले को खाना खिलाता है... कोई आदर करता है... तो कोई फूल लाकर देता है... कोई बैठने के लिए अच्छी जगह (सेवा) देता है... ये सब प्रेम व्यक्त करने के तरीक़े हैं। प्रेम के कई सारे रूप हैं और सबका तरीक़ा अलग है। मगर इंसान यदि ऐसा सोचता है कि 'मैं जैसा प्रेम करता हूँ, सामनेवाले को भी वैसा ही प्रेम करना चाहिए,' तो इस तरह यह सशर्त प्रेम बन जाता है, जबकि प्रेम में शर्त नहीं होनी चाहिए। क्योंकि यदि प्रेम में कोई शर्त न हो तो वह कभी मिटता नहीं है। ऐसा प्रेम हमारे रूपांतरण के लिए होता है।

एक परिवार में भी हर किसी का प्रेम व्यक्त करने का तरीक़ा अलग होता है और इसी वजह से रिश्तों में झगड़े भी होते हैं। क्योंकि कोई भी एक-दूसरे का प्रेम समझ नहीं पाता। ऐसे परिवार में लोग एक-दूसरे को यह विश्वास नहीं दिला पाते कि हम आपसे प्रेम करते हैं। इंसान सोचता है कि 'अगर सामनेवाला भी मुझसे प्रेम करता तो वह मेरे लिए क्या-क्या नहीं करता... बिना बोले मेरे मन की बात समझता... मेरी ज़रूरतें समझता...' लोग इस चक्कर में पड़कर कि 'सामनेवाले को ख़ुद ही ये सब बातें समझनी चाहिए,' वे जीवनभर के लिए रिश्तों में दूरियाँ ले आते हैं। इंसान को यह समझ में ही नहीं आता कि वह जो सोच रहा है, वह सोच ही ग़लत है। इसी ग़लत सोच के कारण लोग ईश्वर का आभास (सेंस ऑफ़ गॉड) नहीं कर पाते क्योंकि उनके और ईश्वर के बीच में अहंकार की बुद्धि आ जाती है। अहंकार कहता है, 'मैंने जो चाहा, वह नहीं हुआ... अब मैं फलाँ काम कभी नहीं करूँगा... अब मैं ऐसी भक्ति कभी नहीं करूँगा... इससे तो मेरा नुक़सान ही हो रहा है... लोग मुझे पागल समझ रहे हैं...' इसी सोच के कारण इंसान असली भक्ति को कई बार पहचान भी नहीं पाता।

जब भक्त बिना किसी योजना के, बिना किसी चाहत के अहेतु की भक्ति करता है, तब उसकी भक्ति सच्ची और निष्काम भक्ति होती है। इसी भक्ति से वह ईश्वर को प्राप्त कर सकता है। रामकृष्ण परमहंस की भक्ति को ज़्यादातर लोग समझ नहीं पा रहे थे और उनकी हरकतों को देखकर वे उन्हें पागल ही समझते थे। उस समय लोगों को यह देखने की उत्सुकता भी थी कि रामकृष्ण परमहंस किस तरह के पागल हैं। हालाँकि जिन थोड़े लोगों को उनकी भक्ति समझ में आ रही थी, उनके साथ उन्होंने बातचीत भी की। जिससे उन लोगों को पता चला कि 'रामकृष्ण परमहंस के बारे में हम जितना सोच रहे थे, सिर्फ़ उतना ही नहीं है बल्कि कुछ और बात भी है, जो हमारी समझ से परे की है।'

वे निरंतर अहेतु की भक्ति करते रहे। वे कम पढ़े-लिखे थे इसलिए संस्कृत या अन्य कोई भाषा जानते नहीं थे। इसलिए उन्होंने अपनी भाषा में लोगों को ईश्वर के बारे में बताया। लेकिन कई लोगों को उनकी बातें पागलपन सी लगीं।

जब लोगों ने सवाल पूछा कि 'ईश्वर साकार है या निराकार?' तो रामकृष्ण परमहंस ने जवाब दिया, **'ईश्वर साकार भी है, निराकार भी है। दोनों हैं और दोनों नहीं हैं। जब ईश्वर साकार या निराकार दोनों नहीं है, तब वह जो है, वही बता सकता है कि वह (ईश्वर) कैसा है।'** उनके द्वारा दिया गया यह जवाब निराकार से आगे की अवस्था की ओर इशारा कर रहा था। लेकिन उस समय लोग इस इशारे को पूरा नहीं समझ पाए। उच्चतम अवस्था के बारे में केवल इशारा ही किया जा सकता है, उससे ज़्यादा कहा नहीं जा सकता। निराकार के आगे की बात समझने के लिए इंसान को उस अवस्था या चेतना को प्राप्त करना होगा।

कुनकुनी भक्ति

रामकृष्ण परमहंस के पास कई तरह के लोग आते रहते थे, उनमें पढ़े-लिखे लोग और ब्रह्मसमाज के कुछ सदस्य भी थे। शुरुआत में लोगों के पास कुछ मूल सवाल होते थे, जैसे : ईश्वर के बारे में आपका क्या

मत है? आपके अनुभव के अनुसार आपने ईश्वर का दर्शन कैसे किया? आपने ईश्वर को कैसे देखा? वगैरह।'

उन लोगों के मन में इन सभी सवालों के जवाब पहले से ही होते थे और वे रामकृष्ण परमहंस के जवाबों से अपने जवाबों को मिलाकर देखते थे। यदि दोनों का जवाब एक ही निकलता तो लोग समझते कि हम सही इंसान के पास आए हैं और यदि दोनों के जवाब अलग-अलग होते तो लोग समझते कि हम ग़लत इंसान के पास आए हैं। दरअसल लोगों की सोच ऐसी ही होती है। रामकृष्ण परमहंस ऐसे लोगों से यही कहते थे कि 'ईश्वर साकार है या निराकार, आपको जो मानना है, मानो। लेकिन जो भी मानो, उसमें 100 प्रतिशत दृढ़ता (विश्वास) रखो।'

जब आप पानी को कुनकुना यानी हलका सा गरम करते हैं तो उसमें भाप नहीं बनती क्योंकि भाप के लिए पानी को उबालना आवश्यक होता है। ठीक इसी तरह ईश्वर को प्राप्त करने के लिए थोड़े से प्रयास या थोड़ी सी भक्ति पर्याप्त नहीं होती। कुनकुने प्रयास या 'कुनकुनी भक्ति' से ईश्वर प्राप्त नहीं होता। उसके लिए भरपूर प्रयास और उच्च स्तर की भक्ति चाहिए। रामकृष्ण परमहंस ने कुनकुनी भक्ति को कभी महत्त्व नहीं दिया।

उस समय रामकृष्ण परमहंस के पास कुछ युवा शिष्य आते थे, उनके साथ वे हमेशा सीधी बात करते थे कि 'आपकी इस कुनकुनी भक्ति से कुछ नहीं होनेवाला। माया से मुक्त होना है तो कड़े प्रयास करने होंगे और प्रबल भक्ति जगानी होगी। आप जो मानना चाहें, वह मान सकते हैं, बस उसमें दृढ़ता होनी चाहिए, वरना इंसान को यह बात समझ में नहीं आती कि किसी चीज़ को मानना दरअसल उसका अपना बहाना भी हो सकता है।' रामकृष्ण परमहंस को इस बात की फ़िक्र नहीं थी कि उनकी सीधी बात सुनकर कोई शिष्य सत्य का रास्ता न छोड़ दे या फिर कहीं ईश्वर को पाने की उम्मीद ही न छोड़ दे। वे हमेशा सीधी बात करते थे, जो लोग उनकी बातों को समझ पाते थे, केवल वे ही ज्ञान प्राप्त करके आगे बढ़ते गए।

14

रामकृष्ण द्वारा ईश्वर की सराहना

रामकृष्ण परमहंस ने सराहना करते हुए कहा कि **'सत् चित्त आनंद के पेड़ पर अनेक राम, अनेक कृष्ण और अनेक ईसा हैं।'** वे ऐसा इसलिए कह पाए क्योंकि वे सभी धर्मों से गुज़रे थे। उनके अनुसार इस पेड़ के अनेक राम, कृष्ण और ईसा में से अगर दो-चार भी पृथ्वी पर आ जाएँ तो आध्यात्मिक क्रांति हो सकती है। ज़रा सोचें कि अगर दो-चार के आने से ही इतना असर होता है तो अगर सभी आ गए, तब क्या होगा? जैसे कुँए का पानी जब तल में होता है तो लोगों को पानी निकालने के लिए काफ़ी मेहनत करनी पड़ती हैं। लेकिन जब बारिश का मौसम आता है तो हर तरफ़ पानी ही पानी होता है। इसी तरह अगर सत् चित्त आनंद के सब अवतार पृथ्वी पर उतर आएँगे तो फिर कृपा और ज्ञान की बारिश ही होगी। फिर जहाँ देखो, ईश्वर ही ईश्वर होगा, ईश्वर के अलावा कुछ भी नहीं होगा। इस प्रकार से रामकृष्ण परमहंस ईश्वर की सराहना अनोखे ढंग से किया करते थे।

एक बार वे बीमार हो गए लेकिन इसके बावजूद भी उन्होंने सत्संग बंद नहीं किया। यह देखकर उनके वैद्य ने उन्हें ज़्यादा बात करने से मना किया। जब वे नहीं माने तो वैद्य ने पूछा कि 'आप ज़्यादातर मौन में क्यों नहीं रहते?' इस पर उन्होंने जवाब दिया, 'मैं केवल एक ही तरीक़े से ईश्वर की सराहना क्यों करूँ? मैं ईश्वर की सराहना हर तरीक़े से

यानी गाकर, रोकर, नाचकर, सेवा करके और मौन में बैठकर समाधि के द्वारा भी करना चाहता हूँ।'

ऐसे में आपके अंदर सवाल उठेगा कि सराहना करना यानी क्या? रामकृष्ण परमहंस ईश्वर की इतनी सराहना क्यों करते थे? उन्होंने ऐसा क्या पाया या उनके साथ ऐसा क्या हुआ, जिसके कारण वे ईश्वर की अखंड सराहना करते रहे?

रामकृष्ण परमहंस ने सराहना या भक्ति के बारे में अपनी विशिष्ट भाषा में कहा कि **'भक्त के लिए भक्ति और सराहना खुजली की तरह है।'** जब भी शरीर पर कहीं खुजली हो तो आप उसे जितना खुजलाते हैं, उतना ही और खुजलाने का मन करता है। ठीक इसी तरह भक्त भी भक्ति और सराहना से थकता नहीं है। वह कितनी भी देर तक सराहना कर सकता है। यह रामकृष्ण परमहंस का अनुभव था। जैसे निराकार और आकार के बारे में वे कहते हैं कि 'ईश्वर कभी कपड़ों में रहता है तो कभी बिना कपड़ों के, कभी वह आकार में रहता है तो कभी बिना किसी आकार के।' यहाँ रामकृष्ण परमहंस के शब्दों में अटकने के बजाय यह समझें कि वे किस ओर इशारा कर रहे थे।

अब सवाल यह है कि आपका अनुभव आपके लिए क्या कह रहा है? 'क्या मैं एक व्यक्ति के रूप में सराहना कर रहा हूँ... एक भक्त के रूप में... या फिर इस समझ के साथ सराहना कर रहा हूँ कि मुझे यह मनोशरीर यंत्र क्यों मिला है... मुझे ये आँखें, ये कान, यह ज़ुबान क्यों मिले हैं, इनका क्या उपयोग है...?' दरअसल जब तक यह सब पक्का नहीं है, तब तक इंसान अपनी अभिव्यक्ति के लिए, अपनी खुजलाहट के लिए या अपनी महत्त्वाकांक्षा के लिए इंद्रियों का इस्तेमाल करना जारी रखता है।

भक्त अपने लिए अधिक समय या बेहतर स्वास्थ्य चाहता है और स्वास्थ्य पाने के लिए वह प्रार्थना भी कर रहा है क्योंकि वह ईश्वर की अधिक से अधिक सराहना व भक्ति करना चाहता है।

जैसे एक इंसान उल्टी करके अपने पेट में जमा हर चीज़ को बाहर निकाल देता है। ऐसा करने के पीछे उसका उद्देश्य है कि उल्टी के बाद वह फिर से अपना पसंदीदा खाना खा सके, अपने अंदर फिर से तमाम चीज़ें जमा कर सके। यह जानकर हैरानी हो सकती है लेकिन वास्तविकता यही है कि पृथ्वी पर ऐसे लोग भी हुए हैं, जो खाना खाकर उल्टी करते थे ताकि फिर खा सकें क्योंकि उनके जीवन में कोई और उद्देश्य था ही नहीं। वे सिर्फ़ खाने के लिए ही जिए। जबकि रामकृष्ण परमहंस अपने गले का, अपनी ज़ुबान का इस्तेमाल परम उद्देश्य के लिए कर रहे थे, जिसे जानकर आपको पता चलेगा कि उनकी चेतना का स्तर कितना ऊँचा है।

रामकृष्ण का जीवन एक ऐसा जीवन है, जो हमेशा सराहना करता रहा। ऐसे में महत्त्वपूर्ण सवाल यह है कि 'क्या आज हर इंसान का जीवन सराहना कर रहा है या व्यक्तिगत महत्वाकांक्षा में उलझकर समाप्त हो रहा है?' वास्तव में सराहना जितनी की जाए, उतनी कम है लेकिन जब यह सराहना अनुभव प्राप्त करके होती है तो उसमें कष्ट महसूस नहीं होता और न यह भाव रहता है कि 'मैं कार्य कर रहा हूँ, व्यस्त हूँ।' रामकृष्ण परमहंस के जीवन से प्रेरणा लेकर आप सीख सकते हैं कि व्यक्तिगत जीवन से अवैयक्तिक जीवन की ओर कैसे जाया जाए और सराहना कैसे की जाए।

15

भक्ति का मापदंड

रामकृष्ण परमहंस ने सराहना, भक्ति और भक्ति सूत्र की बात की। भक्ति सूत्र में वे कहते हैं कि 'मैं यंत्र हूँ, वह यंत्री है... मैं घर हूँ, वे घरवाले हैं... उनकी आज्ञा पर सेवा करना मेरा अधिकार है।' दरअसल भक्ति सूत्र के बारे में बताते हुए रामकृष्ण परमहंस ने अपने ही शब्दों में एक मापदंड सामने रखा। हम सभी चीज़ों को अलग-अलग मापदंड पर नापते हैं, जैसे : पानी को लीटर में, सब्ज़ी और अन्य सामान को किलो में और कुछ चीज़ों को दर्जन में। लेकिन इतने सारे मापदंड होने के बाद भी कुछ चीज़ें ऐसी हैं, जिन्हें नापा नहीं जा सकता। भक्ति भी ऐसी ही चीज़ है। इसीलिए रामकृष्ण ने इसके लिए अपने ही शब्दों में एक विशिष्ट मापदंड दिया। उन्होंने कहा कि **'ईश्वर का नाम सुनकर अगर किसी इंसान की आँखों में आँसू आ जाते हैं तो इसका अर्थ है कि यह पृथ्वी पर उसका आख़िरी जन्म है।'**

हो सकता है कि यह पढ़कर कुछ लोग इस बात पर भरोसा न करें क्योंकि उनके अंदर का ज्ञानी मन यानी उनकी बुद्धिवादी सोच इस बात को आसानी से नहीं मानेगी। लेकिन अगर यही बात किसी वैज्ञानिक ने कही होती तो ऐसे बहुत से लोग होते, जो इस पर तुरंत विश्वास कर लेते।

दरअसल जब एक कम पढ़ा-लिखा इंसान, जिसे शब्दों का बहुत ज्ञान न हो, ऐसी बात कहता है तो लोग उसके मापदंडों को स्वीकार नहीं करते। लेकिन जो भक्त बन रहे हैं, जो स्वयं का अनुभव कर रहे हैं, वे इस बात को ज़रूर समझ सकते हैं।

लेकिन जो लोग भक्ति में नहीं उतर पाते थे, उन्हें रामकृष्ण परमहंस ने बताया कि **'लज्जा, घृणा** और **डर** जैसे भावों को अपने अंदर रखते हुए तुम न तो समर्पित हो सकते हो और न ईश्वर को प्राप्त कर सकते हो। क्योंकि तुम्हारे अंदर कुछ घटनेवाला है लेकिन फिर भी तुम सोचते हो कि लोग क्या कहेंगे... मेरे क़रीबी क्या कहेंगे...!' इंसान के भीतर डर आ जाता है और फिर ऐसे विचार उठते हैं कि 'अगर मैं आज्ञाओं के हिसाब से ही आगे बढ़ा तो फलाँ चीज़ का क्या होगा... मेरा क्या होगा... लोग क्या कहेंगे...' इंसान ऐसी बातों में उलझा हुआ है। **जब इंसान ईश्वर के सामने संपूर्ण रूप से समर्पित होता है और उसका अहंकार विलीन होता है, तभी वह सच्चा भक्त बनने लगता है।**

भक्त की तीन शक्तियाँ

रामकृष्ण परमहंस ने भक्त की तीन विशिष्ट शक्तियों का भी वर्णन किया है। उनके अनुसार, भक्त की पहली शक्ति है, 'ज्ञान।' जिससे उसे पता चलता है कि ईश्वर उसकी माँ है।

भक्त की दूसरी शक्ति है, उसके 'आँसू।' इन आँसुओं की पुकार ही उसकी ताक़त है।

भक्त की तीसरी शक्ति है, उसका 'संतान भाव,' जो उसकी भावनात्मक शक्ति भी है। जब इंसान संतान भाव से ईश्वर को पुकारता है, तब ईश्वर को आना ही पड़ता है। जैसे आपने देखा होगा कि माता-पिता कहीं जा रहे हों तो छोटे बच्चे उन्हें पकड़ लेते हैं और उन्हें रोकने की कोशिश करने लगते हैं। यह देखकर कई बार माता-पिता अपना इरादा बदल देते हैं। ठीक इसी तरह जब भक्त छोटे बच्चों जैसी पुकार लगाता है तो ईश्वर भी अपना इरादा बदल देता है।

कई बार रामकृष्ण सत्संग में बैठे-बैठे ही समाधि में चले जाते थे और इस दौरान कभी उनके पाँव किसी की कंधे या छाती पर पड़ते... तो कभी किसी के पैरों पर... क्योंकि वे एक छोटी सी जगह पर सभी के साथ सत्संग में बैठते थे। मगर सत्संग में नए-नए आनेवाले ज्ञानी लोगों

को रामकृष्ण परमहंस की यह बाद खटकती थी। एक दिन किसी ने उनसे कहा कि 'यह कोई अच्छी बात नहीं है कि समाधि में जाते ही आपके पाँव दूसरों पर पड़ने लगते हैं।' यह सुनकर उन्होंने कहा, 'अरे, ऐसा है क्या? मुझे तो पता ही नहीं कि समाधि में जाने के बाद मेरा शरीर क्या कर रहा है, मुझे इसका भान नहीं रहता क्योंकि मैं तो यंत्र हूँ, यह सब तो यंत्री कर रहा है, मैं तो घर हूँ, यह तो घरवाले कर रहे हैं।'

रामकृष्ण परमहंस के इस जवाब से पता चलता है कि वे नए लोगों को उनकी समझ के अनुसार ही जवाब देते थे। जबकि जो लोग कई सालों से सत्संग में आ रहे थे, उन्हें पता था कि रामकृष्ण परमहंस किस अवस्था से आशीर्वाद और ज्ञान देते हैं।

यह अलग-अलग स्थितियों में अलग-अलग अवस्थाओं के खोजियों के लिए भक्ति सूत्र को समझने जैसा उदाहरण है। जिसके अनुसार शरीर यंत्र है और यंत्री कोई और है। भक्त को यंत्री की आज्ञा के अनुसार सेवा करने का अधिकार है। काली माँ ने रामकृष्ण को यही अधिकार दिया था। रामकृष्ण की शिक्षा के अनुसार भक्त को संतान भाव रखते हुए ईश्वर को पुकारना है और कर्म करने के लिए सेवा भाव रखना है। जब तक 'मैं और तुम' का भाव है, तब तक इंसान अटक सकता है, भटक सकता है। सेव्य, जिसकी सेवा होती है और सेवक, जो सेवा करता है उसका भाव इंसान को मुक्त करता है। अगर ईश्वर और भक्त के बीच सेव्य और सेवक का रिश्ता हो तो मुक्ति मिल सकती है।

खण्ड 4

रामकृष्ण परमहंस की शिक्षाएँ

16

ईश्वर साकार है या निराकार?

इंसान इस सवाल के जवाब की खोज में भटकता रहता है कि 'ईश्वर साकार है या निराकार?' लेकिन वह कभी सत्य की राह पर आगे नहीं बढ़ पाता। क्योंकि वह तब तक आगे बढ़ना नहीं चाहता, जब तक उसे इस सवाल का जवाब नहीं मिल जाता। ऐसे में उस इंसान को यह समझ में नहीं आता कि उससे क्या ग़लती हो रही है। उसने अपने इस सवाल को अनजाने में ही पलायन का मार्ग बना लिया है। इस एक सवाल के जवाब की खोज के चक्कर में वह बीच में ही रुका हुआ है क्योंकि वह अपने सवाल का तार्किक जवाब चाहता है।

जैसे : एक इंसान मांस खा रहा हो और कहे कि 'जब तक मुझे कोई यह यक़ीन नहीं दिला देता कि ज़्यादा मांस खाना अच्छा नहीं है, तब तक मैं मांस खाता रहूँगा।' आप समझ सकते हैं कि इंसान को पता ही नहीं है कि वह एक तर्क में अटककर अपने शरीर का कितना नुक़सान कर रहा है।

इंसान अपनी इंद्रियों से ईश्वर को देखना चाहता है। उसे लगता है कि अगर वह एक बार ईश्वर की आवाज़ सुन लेगा तो उसे पक्का हो जाएगा कि ईश्वर का अस्तित्त्व भी होता है। इसका अर्थ ही वह ईश्वर को भी अपने जैसा ही समझ लेता है। उसे लगता है कि ईश्वर भी बोलता रहेगा, उसकी आवाज़ कितनी मधुर होगी। ऐसे लोगों को रामकृष्ण परमहंस ऐसा सीधा और सटीक जवाब देते थे कि उसे सुनकर लोगों को लगता था कि वे बचकानी और पागलपनभरी बातें कर रहे हैं।

जैसे : रामकृष्ण परमहंस के पास जो भी नए लोग आते, उनका अकसर एक सवाल होता था कि ईश्वर साकार है या निराकार? नए लोगों की शुरुआत इसी सवाल से होती है। इस सवाल पर रामकृष्ण परमहंस का जवाब होता कि 'ईश्वर साकार भी है और निराकार भी।' यह जवाब सुनकर लोग पूछते कि 'यह कैसे हो सकता है? ईश्वर साकार और निराकार, दोनों कैसे संभव है?' फिर रामकृष्ण समझाते कि 'इंसान भी कभी कपड़ों में रहता है और कभी बिना कपड़ों के। जब वह गुसलख़ाने में नहा रहा होता है तो बिना कपड़ों के होता है और जब बाहर आता है तो कपड़ों में रहता है। ईश्वर भी ऐसा ही है। कभी वह गुणों के कपड़े पहनता है तो कभी निर्गुण निराकार होता है।' इस तरह रामकृष्ण परमहंस बच्चों जैसी मासूमियत के साथ जवाब देते थे।

जैसे एक शिक्षक ने बच्चे से पूछा कि 'बादल काले क्यों होते हैं?' बच्चा जवाब देता है, 'इतनी तेज़ धूप में बिना कपड़ों के खुले में घूमेंगे तो काले ही होंगे न!' बच्चों के ऐसे जवाबों पर सभी को हँसी आती है लेकिन अगर कोई बड़ा ऐसे जवाब दे तो लोग कहते हैं कि 'इसके दिमाग़ में कोई खलल होगा, जो ऐसी ऊटपटांग बातें कर रहा है।' जब रामकृष्ण परमहंस ईश्वर के बारे में कहते कि **'इंसान जैसा कपड़ों या बिना कपड़ों के रहता है, ईश्वर भी वैसे ही रहता है,'** तो लोग उनके बारे में भी यही सोचते थे।

जिस प्रकार बच्चों को स्कूल में पहले सारे अंग्रेज़ी के सारे अल्फ़ाबेट (अक्षर) केपिटल में सिखाए जाते हैं और फिर बाद में स्मॉल अल्फ़ाबेट सिखाए जाते हैं। उसी प्रकार रामकृष्ण परमहंस लोगों से कहते कि **'ईश्वर को पहले साकार रूप में प्राप्त करो, उसकी भक्ति करो। उसके बाद आप स्वतः ही निराकार की ओर यात्रा करेंगे।'** ऐसे उदाहरणों से वे लोगों को समझाते कि माया में रहकर ही ईश्वर को अलग कैसे छाँटना है।

रामकृष्ण परमहंस के साथ उनका भाँजा हृदयराम भी रहता था, जो उनके सहयोगी की भूमिका निभाता था। वह सबसे पहले रामकृष्ण परमहंस से मिलने आए नए-नए लोगों से बातचीत करता और उनके

सवाल सुनता। इसके साथ-साथ वह रामकृष्ण परमहंस के मनोशरीर यंत्र (शरीर) का ख़याल भी रखता था। मंदिर के अन्य सारे कार्य भी वही करता था। उसके बाद रामकृष्ण के भतीजे अक्षय ने यह भूमिका निभाई, फिर लाटू और राखाल नाम के शिष्यों ने भी अलग-अलग समय पर सहयोगी का कार्य किया और सेवा की।

एक दिन रामकृष्ण परमहंस से मिलने उपेन्द्र नाम का इंसान आया। उपेन्द्र वैज्ञानिक बुद्धि रखनेवाला इंसान था। उसने आते ही रामकृष्ण के सहयोगी से कहा कि 'मुझे रामकृष्ण परमहंस से तीन सवाल पूछने हैं।' यह सुनकर सहयोगी को ख़ुशी हुई क्योंकि इस बहाने आज उसे भी रामकृष्ण परमहंस से तीन सवालों के जवाब सुनने को मिल जाएँगे। इसलिए उसने उपेन्द्र को अंदर बिठाया और अपनी बारी आने की प्रतीक्षा करने को कहा। उपेन्द्र ने देखा कि उससे पहले वहाँ पर और भी कई लोग आकर बैठे हुए हैं। कुछ देर बाद जब उपेन्द्र की बारी आई तो उसने अपना पहला सवाल पूछा, 'आप कहते हैं कि ईश्वर साकार भी है और निराकार भी लेकिन ऐसा कैसे संभव है?'

इस सवाल के जवाब में उसे एक उदाहरण बताया गया कि पानी को आप जिस बरतन में डालते हैं, वह वैसा ही आकार लेता है। लेकिन जब पानी किसी बरतन में नहीं होता तो वह निराकार होता है। पानी बर्फ़ भी बन सकता है और भाप भी। ईश्वर भी ऐसा ही है, वह कभी आकार में रहता है तो कभी निराकार में।

रामकृष्ण द्वारा मिले इस जवाब को सुनकर उपेन्द्र उठकर जाने लगा। यह देखकर सहयोगी को समझ में नहीं आया कि उपेन्द्र बीच में से उठकर क्यों जा रहा है। सहयोगी को लगा कि शायद वह रामकृष्ण परमहंस के जवाब से संतुष्ट नहीं हुआ। इसलिए वह उपेन्द्र के पीछे-पीछे गया और उसे रोककर पूछा, 'आप तो तीन सवाल पूछनेवाले थे लेकिन आपने सिर्फ़ एक ही सवाल पूछा और बीच में ही उठकर आ गए। क्या आपको बाक़ी के दो सवाल नहीं पूछने हैं?' यह सुनकर उपेन्द्र ने जवाब दिया, 'इस एक सवाल का जवाब पाकर मुझे अपने दो अन्य सवालों

के जवाब भी मिल गए हैं।' जैसा उपेन्द्र के साथ हुआ, सत्संग में लोगों के साथ ऐसा ही होता है। वहाँ उन्हें अपने सवालों के जवाब स्वत: ही मिल जाते हैं।

लोग अपने-अपने मार्ग पर आगे बढ़ते हुए ईश्वर की खोज करते हैं। कोई हिंदू बनकर खोज करता है, कोई बौद्ध बनकर, कोई भिक्षु बनकर तो कोई साधना द्वारा ईश्वर की खोज करता है और कोई-कोई तंत्र-मंत्र का मार्ग अपना लेता है। इस बारे में रामकृष्ण परमहंस कहते हैं, 'आप जिस घर में प्रवेश करना चाहते हैं, उसमें आप दरवाज़े से भी अंदर जा सकते हैं, खिड़की से भी और घर के ऊपर जो चिमनी लगी होती है, उससे भी। इन तीनों मार्गों से आप एक ही जगह पहुँचनेवाले हैं। इसी तरह ईश्वर को प्राप्त करने के भी कई अलग-अलग मार्ग हैं और हर मार्ग से आप अपनी मंज़िल पर ही पहुंचते हैं।'

यदि ईश्वर की महिमा को समझना है तो आपको उसके नज़दीक जाना होगा। जैसे : जब आप आसमान में चाँद या सूरज पर नज़र डालते हैं तो वे आपको किसी तश्तरी जैसे दिखाई देते हैं। लेकिन इससे आपको चाँद और सूरज की महिमा के बारे में कुछ पता नहीं चलता। लेकिन जब आप उनके नज़दीक जाते हैं, तब आपको पता चलता है कि चाँद या सूरज हक़ीक़त में कैसे हैं। फिर आपको उनके महिमा के बारे में सोचकर हैरानी भी होती है।

17

इंसान ईश्वर को क्यों भूल गया?

किसी ने रामकृष्ण परमहंस से सवाल पूछा, 'ईश्वर ने हमें पृथ्वी पर क्यों भेजा?' जवाब में उन्होंने कहा, 'इंसान को पृथ्वी पर सृष्टि के निर्माण कार्य के लिए भेजा गया है।' फिर अगला सवाल आया कि 'ईश्वर ने ही इंसान को सृष्टि के निर्माण कार्य के लिए भेजा है लेकिन यहाँ आकर इंसान ईश्वर को भूल ही गया। ऐसा क्यों? आख़िर ईश्वर ने स्वयं को भूलने कैसे दिया?' इस सवाल के जवाब में रामकृष्ण परमहंस ने कहा, '**अगर तुम्हें ईश्वर याद रहेगा तो तुम सृष्टि निर्माण का काम नहीं करोगे। इंसान से ईश्वर को जान-बूझकर भुलवा दिया गया है ताकि सृष्टि निर्माण का कार्य जारी रहे। ईश्वर की महिमा ही ऐसी है।**' इसीलिए पहले कहा गया कि 'अपना एक हाथ ईश्वर के हाथ में दें और दूसरे हाथ से सांसारिक कार्य करें। सृष्टि के निर्माण के लिए ऐसा ही होना चाहिए।'

रामकृष्ण परमहंस ने जो भी जवाब दिया, वे उस समय के लोगों की समझ और ग्रहण क्षमता के हिसाब से दिए। उन्होंने कहा, 'यदि इंसान को ईश्वर की एक झलक भी मिलती है तो वह अपने आप ही सभी दु:खों और ग़लत कर्मों से मुक्त हो जाता है।'

इन सब बातों के साथ-साथ रामकृष्ण परमहंस ने लोगों को कुछ विशेष बातों से ख़बरदार भी किया। क्योंकि लोग हर जवाब का अपना एक अलग ही अर्थ निकाल लेते हैं। जैसे : यह सुनकर कि 'ईश्वर का केवल दर्शन होने के बाद इंसान से कोई काम नहीं होगा,' सुस्त प्रकृति

के लोगों को काम न करने का बहाना मिल गया। ऐसी बातें सुनकर ये लोग सोचते हैं कि 'दिनभर ईश्वर की भक्ति ही करनी है और बाक़ी कुछ नहीं करना है।' इसी तरह तथाकथित सुस्त ज्ञानी अपने ज्ञान के सूत्रों का उपयोग कर अपने लिए ईश्वर को छाँट लेता है। वह सोचता है कि 'अगर ईश्वर ही यह चाहता कि हम उसे याद न रखें तो हम ऐसा ही करेंगे। तुम्हें जो लगे अच्छा, वही मेरी इच्छा।' इस तरह उसे माया में जाने का बहाना मिल जाता है।

जैसे आप सुनते हैं कि 'जल ही जीवन है', लेकिन आप हर जगह का जल नहीं पीते। आप तालाब से निकला हुआ जल सीधे नहीं पीते। जल के मामले में लोग यह ख़बरदारी रखते हैं कि सिर्फ़ वही जल पिया जाए, जो पीने लायक़ हो। इसी तरह ईश्वर भी हर स्थान पर होता है लेकिन ईश्वर को पाने के लिए हर स्थान पर नहीं जाना चाहिए। जैसे ईश्वर तो खंडहर में भी है मगर आप वहाँ नहीं जाते। इसी तरह ईश्वर तो चीता, शेर जैसे हिंसक प्राणियों में भी होता है मगर आप कभी उनके नज़दीक नहीं जाते। हर मच्छर में भी गॉड होता है लेकिन आप मच्छरदानी ज़रूर लगाते हैं। अपराध करनेवाले हर गुंडे में भी गॉड यानी ईश्वर होता है, मगर आप कभी गुंडे से दोस्ती नहीं करते, उससे हमेशा दूर रहते हैं। यह सामान्य ज्ञान हर किसी में होता है। लेकिन कुछ लोग ऐसे होते हैं, जो गुंडों की तरह भाईगिरी करने या व्यसनों में उलझने के लिए 'सबमें ईश्वर है' जैसे विचार को बहाने की तरह इस्तेमाल करने लगते हैं। कुछ आध्यात्मिक सत्संग भी ऐसे हैं, जिनमें शिष्यों को अध्यात्म के नाम पर ग़लत व्यसनों में उलझाया जाता है। विश्व में इस प्रकार की कई चीज़ें हो रही हैं लेकिन जो सामान्य ज्ञान रखता है, जिसे पूरी बात समझ में आ जाती है, वह ऐसी बातों में नहीं उलझता।

जैसे : एक इंसान चर्च के पादरी से कहता है, 'आप कहते हैं कि शराब हमारी दुश्मन है और फिर आप अपने दुश्मन से प्रेम करने के लिए भी कहते हो। आपकी यही बात मानकर मैं शराब पीता हूँ।' यह सुनकर पादरी ने कहा, 'दुश्मन से प्रेम करने का अर्थ यह नहीं है कि उसे अपने

घर में बिठाओ और उसे निगल जाओ। इस मामले में सामान्य ज्ञान का उपयोग करना है और दुश्मन को कभी अपने भीतर जगह नहीं देनी है।'

मान लीजिए कि 'सबमें ईश्वर है,' इस बात का बहाना करके कोई इंसान किसी गुंडे को ही अपने घर ख़ातिरदारी के लिए ले आए तो ज़रा सोचें कि उसके परिवारवालों का क्या होगा? गुंडे-मवालियों का साथ करने से न सिर्फ़ उस इंसान का बल्कि उसके पूरे परिवार का भी नुक़सान होता है। कई बार अहंकार रखनेवाले ज्ञानी अपनी धारणाओं की वजह से अपने परिवारवालों के लिए भी मुसीबत बन जाते हैं। इसलिए सही समझ के साथ कार्य करना चाहिए, तभी इंसान सबके लिए अच्छा और सच्चा निमित्त बन सकता है।

18

ईश्वर के कार्य करने का तरीक़ा क्या है?

कई ज्ञानी लोग ज्ञान की बातें सुनकर ज्ञानी युधिष्ठिर बन जाते हैं। वे ज्ञान के शब्दों को तोड़-मोड़कर नए-नए बहाने बनाते हैं और उन्हें अपनी सुस्ती के लिए इस्तेमाल करते हैं। वे ऐसे सवाल करते हैं कि 'अगर सभी में ईश्वर है तो फिर किसी विशेष शरीर का कोई महत्त्व तो रहा ही नहीं। ऐसे में अवतारों का क्या महत्त्व है?' इस तरह के सवालों के जवाब में ही रामकृष्ण परमहंस ने ये सब बातें कहीं।

उदाहरण के तौर पर रामकृष्ण परमहंस ने कहा कि अगर आप गाय को छूने के लिए आगे बढ़ें और सिर्फ़ उसके सींग को छुएँगे तो भी कहेंगे कि 'मैंने गाय को छुआ।' इसी तरह आप उसकी पीठ पर या पूँछ पर हाथ रखेंगे तो भी यही कहेंगे कि 'मैंने गाय को छुआ।' लेकिन अगर आपको गाय का दूध चाहिए तो वह उसके थनों से ही मिल सकता है। इस लिहाज़ से कह सकते हैं कि 'अवतारी पुरुष गाय के थन जैसे होते हैं, वे ईश्वर का दूध हैं।' इसीलिए अवतार पुरुषों का महत्त्व है। भले ही कहने के लिए सब यह कहें कि 'हमारा संपर्क गाय से हुआ है।' लेकिन इस पर सबसे सटीक सवाल यही होता है कि 'गाय से तुम्हारा संपर्क तो हुआ है लेकिन क्या तुम्हें उसका दूध मिला है?' इसी दूध के लिए आपको सत्संग और सत्य के संपर्क की ज़रूरत होती है।

याद रखें कि आपको इन शब्दों में नहीं अटकना है बल्कि इनके पीछे छिपे अर्थ को समझना है। समझदार इंसान इन सब शब्दों में नहीं

अटकेगा बल्कि मुख्य बात पर ध्यान देगा कि साधु-संतों को महत्त्वपूर्ण क्यों कहा गया है।

श्री रामकृष्ण ने ईश्वर के कार्य करने का तरीक़ा भी अपने शिष्यों को बताया। उनके अनुसार, ईश्वर चोर को कहता है कि 'जा उस घर में जाकर चोरी करो' और फिर ईश्वर उस मकान के मालिक को कहेगा कि 'सावधान रहना, तेरे घर पर चोर आ सकता है।' ईश्वर का यही काम है।

इस बात को ज़्यादातर लोग समझ नहीं पाते इसीलिए वे ऐसे सवाल पूछते हैं कि 'आप कहते हैं कि सब कुछ ईश्वर कर रहा है। लेकिन अगर ऐसा ही है तो दुनिया में इतना पाप क्यों है, इतना दुःख और इतने अपराध क्यों हैं? और अगर ईश्वर ही यह सब कर रहा है तो इसका कारण क्या है? और ऐसे में हमसे सिर्फ़ पुण्य कर्म कैसे होंगे?'

ऐसे सवालों के जवाब सवाल पूछनेवाले के अनुसार दिए जाते हैं। जब किसी ने रामकृष्ण परमहंस से यही सवाल पूछा तो उन्होंने जवाब दिया कि 'तुम इस झमेले में पड़ो ही मत क्योंकि अगर तुम्हें नशा करने के लिए सिर्फ़ एक पाव शराब ही काफ़ी है तो इस झमेले में पड़ने की क्या ज़रूरत है कि शराबख़ाने में कितने लीटर शराब रखी है। तुम उसी में मस्त रहो, मतवाले रहो। यानी जितना ज्ञान तुम्हें मिला है, उस पर काम करो, बाक़ी किसी चक्कर में मत पड़ो।' उन्होंने ऐसा इसलिए कहा क्योंकि उन्हें ख़ुद हर धर्म की मूल बात का पूरा ज्ञान था। जिस मूल बात से इंसान को आत्मसाक्षात्कार होता है, रामकृष्ण परमहंस उससे गुज़र चुके थे।

19

रामकृष्ण की प्रतीकों द्वारा शिक्षाएँ

काली माँ ने रामकृष्ण को जो अधिकार दिया, उसके अनुसार उन्होंने अपने जीवन से सिखाया कि **'जितने दिन जिओ, सीखते-सीखते जिओ।'**

यदि आप रामकृष्ण परमहंस के जीवन पर नज़र डालेंगे तो पाएँगे कि जो लोग उनका सत्संग सुनने आते थे, रामकृष्ण उनसे भी सवाल करते रहते थे। वे उनसे ऐसी बातें पूछते थे कि 'आपको क्या लगता है, मेरे साथ कुछ गड़बड़ है क्या... मुझसे फलाँ-फलाँ बातें हो जाती हैं, क्या यह पिछले जन्मों का कोई पाप है, जो यह सब मेरे साथ होता है?' इसके अलावा कई बार ऐसा भी होता कि सत्संग में आए लोग रामकृष्ण से कोई सवाल पूछते तो वे अपने किसी शिष्य से कहते कि 'इस सवाल का जवाब तुम दो।'

उन्हें काली माँ से जो अधिकार मिला था, उसके अनुसार वे यंत्र के रूप में कार्य करते हुए लोगों को शिक्षा देते जाते थे। अपने बचे हुए जीवन काल में जब वे गुरु बने तो उनकी शिक्षाओं का प्रसार शुरू हुआ और लोग उनके पास आकर अपनी जिज्ञासाएँ शांत करने लगे।

उन्होंने कई शिक्षाएँ दीं, जिनमें से एक शिक्षा यह थी कि **'अपना एक हाथ ईश्वर को दो और दूसरे हाथ से काम करो। जब काम समाप्त हो जाए तो दूसरा हाथ भी ईश्वर को दे दो।'** सांसारिक लोगों से वे कहा करते

थे कि 'तुम तो पहले से ही कठिनाई में हो इसलिए तुम्हारे लिए नियमों में छूट रखी है।' दूसरी ओर संन्यासियों के लिए उन्होंने ख़ास तौर पर कठोर नियम बनाए थे। संन्यासियों से उनका कहना था, 'तुम्हें ही लोगों के सामने आदर्श बनना है और यह साबित करना है कि माया में रहकर भी हम निर्लिप्त रह सकते हैं। तुम कामिनी-कंचन से मुक्त रहकर एक आदर्श उदाहरण प्रस्तुत करो ताकि लोगों को पता चले कि यह करना संभव है। जिस चीज़ को लोग असंभव मानते हैं, उस पर काम ही नहीं करते।'

कुछ लोगों पर अधिक ज़िम्मेदारी इसलिए होती है क्योंकि वे दूसरों के लिए निमित्त (आदर्श) बन रहे होते हैं और भीतर से ख़ुद स्पष्ट होते हैं। रामकृष्ण परमहंस ऐसे ही लोगों की श्रेणी में आते थे, उन्होंने संन्यासियों को भी ऐसे ही आदेश दे रखे थे। रामकृष्ण परमहंस अपनी बात को हमेशा उदाहरण के साथ सामने रखते थे।

जैसे : अगर किसी की पीठ में फोड़ा हो, तब भी वह इंसान काम-काज करता है, लोगों से बातचीत करता है और जितना हो सके, सक्रिय रहता है। लेकिन आप देखते हैं कि यह सब होने के बाद भी उसका ध्यान उस फोड़े पर लगा रहता है यानी वह फोड़ा उसे बार-बार अपने होने की याद दिलाता रहता है। इंसान को भी ठीक यही करना है और अपने ध्यान का एक हिस्सा सतत ईश्वर की ओर लगाना है, ऐसा करने से ही आप माया में रहते हुए भी ईश्वरीय अनुभव पा सकते हैं।

शुद्ध भक्ति के लिए प्रार्थना

रामकृष्ण ईश्वर की प्रार्थना करने के लिए भी कहते थे। वह प्रार्थना कुछ इस प्रकार थी :

'यह लो तुम्हारा ...,
यह लो तुम्हारा ...,
मुझे तो केवल .... दो।'

अब आप सोच रहे होंगे कि 'यह कैसी प्रार्थना है, इसका अर्थ क्या

है?' दरअसल इस प्रार्थना का अर्थ है :

'यह लो तुम्हारा पुण्य,
यह लो तुम्हारा पाप,
मुझे केवल शुद्ध भक्ति दो...'

इसे अलग शब्दों में भी कहा जा सकता है। जैसे :

- यह लो तुम्हारा भला, यह लो तुम्हारा बुरा, मुझे केवल शुद्ध भक्ति दो।
- यह लो तुम्हारी अच्छाई, यह लो तुम्हारी बुराई, मुझे केवल शुद्ध भक्ति दो।
- यह लो तुम्हारा सुख, यह लो तुम्हारा दुःख, मुझे केवल शुद्ध भक्ति दो।

अपने जीवन में भी वे स्वयं इसी रास्ते पर चल रहे थे, अलग-अलग विचारों से लड़ रहे थे, सीख रहे थे और माँ को रोकर प्रार्थना कर रहे थे। उस समय के अपने अनुभवों के अनुसार रामकृष्ण परमहंस ने बताया कि 'जब वासना का विचार मन में उठता था तो मैं माता से प्रार्थना करता था कि माँ मुझे बचा लो, मुझे शुद्ध रखो।' इस तरह तुरंत निकलनेवाली प्रार्थना को 'प्रेयर शूटिंग' कहते हैं। जैसे : सीमा पर सेना के जवानों पर जब भी कहीं हमला होता है तो जवाबी फ़ायरिंग की जाती है। प्रेयर की शूटिंग भी ऐसी ही होती है। इस शूटिंग में बार-बार प्रार्थना की जाती है। रामकृष्ण परमहंस भी 'माँ, मुझे बचा लो, मुझे शुद्ध रखो' यह प्रार्थना कई-कई बार दोहराते थे, कभी-कभी तो वे इसे रो-रोकर दोहराते थे। इसका अर्थ ही यह प्रार्थना सीधे उनके दिल से निकलती थी।

आम तौर पर जब लोग किसी को रोते हुए देखते हैं तो सोचते हैं कि 'बेचारा तकलीफ़ में है, इसकी मदद करनी चाहिए।' क्योंकि लोग उस इंसान की अवस्था को समझे बिना ही उसकी मदद करने को उतावले होने लगते हैं।

रामकृष्ण परमहंस ने एक बार इसी से जुड़ा अपना एक अनुभव बताया, जहाँ एक इंसान ने उनकी मदद करने के दृष्टिकोण से कुछ ऐसा किया कि रामकृष्ण हैरान रह गए। दरअसल उस इंसान ने देखा कि रामकृष्ण की शादी हो गई है, इसके बावजूद वे दक्षिणेश्वर में अकेले रह रहे हैं, उनकी पत्नी गाँव में है और वे यहाँ रो रहे हैं। यह सब देखकर उस इंसान ने आस-पास के सभी लोगों से छिपते-छिपाते एक वेश्या को अपने साथ लाया और उसे रामकृष्ण के कमरे में भेज दिया। वह इंसान समझता था कि ऐसा करने से रामकृष्ण परमहंस का दुःख थोड़ा कम हो जाएगा। लेकिन जब रामकृष्ण परमहंस ने अपने कमरे में उस स्त्री को देखा तो वे तुरंत अपने कमरे से बाहर आ गए और सबको बुलाकर कहने लगे कि 'देखो, मेरे कमरे में कौन आया है, शायद माँ आई है।'

इस घटना से आप समझ सकते हैं कि जो अंदर से स्पष्ट होता है, उसके अंदर प्रार्थना कैसे उठती है, उसका असर क्या होता है और वह उसे कैसे बचाती है। इंसान के अंदर यह लक्ष्य स्पष्ट होना चाहिए कि वह पृथ्वी पर क्यों आया है, उसे मनोशरीर यंत्र (शरीर) क्यों मिला है और सराहना करने के लिए जो इंद्रियाँ मिली हैं, उनका उपयोग कैसे किया जा रहा है।

शुद्ध भक्ति की कामना, याचना, शुभेच्छा हर इंसान में बदलाव ला सकती है। जब आप महापुरुषों के जीवन में घटी घटनाओं के बारे में सुनते या पढ़ते हैं तो आपको एहसास होता है कि 'ये घटनाएँ सफलतापूर्वक घट चुकी हैं। मगर आज हम जिन समस्याओं का सामना कर रहे हैं, उनसे भी अधिक भयानक समस्याओं को और भी कई लोगों ने झेला हैं और सही प्रतिसाद देकर वे दुनिया के लिए आदर्श बन गए हैं।' सबसे महत्त्वपूर्ण बात यह है कि हम अपने जीवन की समस्याओं के बावजूद भी कितना योग्य प्रतिसाद दे पाते हैं और पृथ्वी पर अपने बचे हुए जीवन को किन शिक्षाओं के अनुसार बितानेवाले हैं।

सेल्फ़ की उपस्थिति

रामकृष्ण परमहंस बताते हैं कि 'संसार सूखे आम की फ़ीकी गुठली जैसा है। यानी उसे जितना भी चाटा जाए, मिलेगा कुछ भी नहीं। हाँ, इंसान को यह भ्रम ज़रूर रहता है कि उसे गुठली से थोड़ा सा रस मिल जाएगा।' रामकृष्ण परमहंस ने इन बातों को उदाहरण के द्वारा बताया है।

जैसे : पानी का एक मटका है, जिसके नीचे आग जलाई गई है। मटके में पानी के अलावा चावल और आलू हैं, सब कुछ एक साथ गरम हो रहा है लेकिन यह गरमी वास्तव में मटके की, पानी की, आलू या चावल की नहीं बल्कि नीचे जल रही आग की है। इसी तरह संसार में आप जो चीज़ें देखते हैं, जिनकी ऊष्मा (गरमी) आपको महसूस होती है, दरअसल वह ऊष्मा उनकी नहीं बल्कि उनके नीचे जो ज़िंदा चीज़ है, जो सेल्फ़ या चैतन्य है, उसकी है। आपको किसी इंसान में जो तेज़ दिखाई देता है, वह दरअसल सेल्फ़ की उपस्थिति का ही संकेत है। सेल्फ़ न हो तो उनकी गरमी समाप्त हो जाती है। ऐसे में अगर मटका कहे कि 'यह मेरी गरमी है' तो वह ग़लती कर रहा है।

इस प्रकार रामकृष्ण परमहंस प्रतीकों के माध्यम से लोगों को शिक्षाएँ देते थे। इन शिक्षाओं के ज़रिए रामकृष्ण के भक्ति सूत्र को अच्छी तरह से समझा जा सकता है।

खण्ड 5

गुरु के रूप में रामकृष्ण की तैयारी

20

रामकृष्ण के जीवन में शारदा देवी की भूमिका

एक बार दक्षिणेश्वर में दूषित पानी के कारण कई लोग बीमार हुए। ऐसे में रामकृष्ण परमहंस के स्वास्थ्य का ख़याल रखते हुए माथुरनाथ ने उन्हें कुछ समय के लिए वापस अपने गाँव जाने के लिए कह दिया।

जब रामकृष्ण परमहंस मंदिर छोड़कर अपने गाँव जा पहुँचे, तब वहाँ उनके सामने एक नया दृश्य आया। उनकी पत्नी, जो अब 14 साल की हो चुकी थी, वापस घर आ गई थीं। रामकृष्ण से उनकी शादी 6-7 साल की उम्र में हुई थी, गाँव के कुछ लोगों ने उनसे यहाँ तक कह रखा था कि 'तुम्हारा पति पागल है इसलिए तुम उसके पास कभी जाना ही मत।' मगर इसके बावजूद वे वापस आ गईं।

अब एक बार फिर दोनों की मुलाक़ात हो रही थी। रामकृष्ण परमहंस ने अपनी पत्नी से सीधी बात की कि 'अगर तुम चाहती हो कि मैं माया/सांसारिक जीवन में वापस आ जाऊँ तो तुम पत्नी होने के अधिकार से मुझसे ऐसा कह सकती हो, फिर मैं तुम्हारी सेवा ज़रूर करूँगा। लेकिन मैं जिस तरह काली माँ को देखता हूँ, जिस तरह हर स्त्री में एक माँ को देखता हूँ, वैसे ही मैं तुम्हें भी माँ के रूप में देखना चाहता हूँ। लेकिन यदि तुम्हें यह मंज़ूर न हो तो मैं तुम्हारी चाहत के अनुसार यानी पत्नी के अधिकार के अनुसार तुम्हारी सेवा करने को तैयार हूँ। तुम बताओ कि तुम्हारा क्या निर्णय है?' इस एक प्रश्न पर रामकृष्ण का आगे का पूरा

जीवन निर्भर था। आज सभी जानते हैं कि शारदा देवी के एक जवाब से पूरा इतिहास बदल गया। शारदा देवी ने अपने पत्नी होने के अधिकारों का त्याग किया और इस तरह वे शारदा से शारदा माँ बन गईं।

बाद में रामकृष्ण परमहंस ने अपने शिष्यों को बताया कि 'उस दिन अगर शारदा देवी ने मुझसे अपने पत्नी होने का अधिकार माँगा होता तो आज यह दृश्य न होता, जो चल रहा है। मैं माता काली से प्रार्थना करता था कि शारदा को वासना से मुक्त करो और मुझे पूरा विश्वास था कि माँ मेरी वह प्रार्थना सुनेगी। इसीलिए आज मैं जो भी हूँ, उसका पूरा श्रेय शारदा माँ को जाता है।'

एक दिन तो रामकृष्ण परमहंस ने शारदा माँ को माता के स्थान पर बिठाकर उनकी पूजा भी की थी। गाँव में भी कई लोग रामकृष्ण परमहंस से ज्ञानवाणी सुनने आते थे, उनसे सवाल करते थे। सभी लोगों के साथ-साथ शारदा देवी भी उनके प्रवचन सुनती थी। इसी से उनके भीतर भी परिवर्तन होने लगा था।

एक दिन घर में सत्संग चल रहा था। सत्संग के बीच में शारदा देवी को नींद आ गई। यह देखकर कोई उन्हें जगाने जा रहा था, तभी रामकृष्ण परमहंस ने देख लिया और कहा, 'मत उठाओ उसे, अगर ये मेरे द्वारा कही गई सारी बातें सुनेंगी तो इसके पंख खुल जाएँगे, वह ऊपर उठ जाएँगी, स्वर्ग में पहुँच जाएगी इसलिए उसे सोने दो।'

उनकी इस बात का अर्थ यह था कि वे शारदा देवी के भीतर उच्च चेतना को देख पा रहे थे। वे समझ रहे थे कि यह स्त्री अपने सारे अधिकार छोड़कर हज़ारों लोगों की माँ बन गई है, शारदा देवी से शारदा माँ बन गई है। वे बिना बच्चे जने, रामकृष्ण परमहंस के आध्यात्मिक बच्चों की माँ बन गई थीं।

21

रामकृष्ण की तीर्थयात्रा

रामकृष्ण परमहंस काफ़ी समय तक अपने गाँव में ही रहे। फिर माथुरनाथ ने उन्हें अपने पास कोलकाता बुला लिया क्योंकि वे तीर्थ यात्रा करना चाहते थे। इस बार वे अपने साथ रामकृष्ण परमहंस को भी ले गए।

तीर्थयात्रा में वे अलग-अलग स्थानों पर स्थित बड़े-बड़े मंदिरों में गए। एक बार रामकृष्ण भगवान शिव के एक मंदिर में पहुँचे और वहाँ जाकर शिवजी की आराधना करते हुए गीत गाने लगे कि 'तुम्हारी महिमा का वर्णन मैं कैसे करूँ?' वे बार-बार यही एक पंक्ति दोहराते हुए कुछ ही देर में समाधि में चले गए। मंदिर के पुजारी ने जब यह सब देखा तो उसे लगा कि 'ये कौन पागल इंसान आज मंदिर में आ गया है, जो केवल एक ही पंक्ति बोले जा रहा है?' समाधि में जाने के बाद रामकृष्ण परमहंस को कोई होश नहीं रहा। तब माथुरनाथ ने उन्हें उठाने के लिए हिलाया और उन्हें चौक में ले गए। बाद में वहाँ से जाते-जाते रामकृष्ण ने पूछ लिया कि 'मैंने कुछ ग़लत हरकत की है क्या?' क्योंकि उन्हें पता था कि जब भी वे भावसमाधि में जाते तो ऐसी कुछ गड़बड़ियाँ होती रहती थीं।

उनका सवाल सुनकर माथुरनाथ ने कहा, 'नहीं, कोई ग़लत हरकत नहीं हुई है, आप तो बस भजन गा रहे थे।' फिर वे दोनों वहाँ से मथुरा, वृंदावन की तीर्थयात्रा पर निकल गए।

इस पूरी तीर्थयात्रा में रामकृष्ण कई बार माता को पुकारते हुए कहते थे कि 'मुझे ये कहाँ भेज दिया है?' क्योंकि वे वहाँ पर धर्म के नाम पर जो व्यापार देख रहे थे, जहाँ पैसे ले-देकर पूजाएँ होती हैं, उससे उन्हें बड़ी हैरानी हुई और वे कहने लगे कि 'माँ इससे भला तो मैं तुम्हारे मंदिर में था, यह कहाँ भेज दिया मुझे?' उन्हें विश्वास था कि तीर्थयात्रा पर माता ने ही भेजा है और इसके पीछे उनका कोई न कोई उद्देश्य है, जो पूरा होना है। मगर फिर भी वे अपनी तरफ़ से माता को बोल रहे थे कि 'मुझे यह कहाँ भेज दिया?' इससे समझ में आता है कि रामकृष्ण कितने कपटमुक्त और ईमानदार थे।

जब वे मथुरा यानी कृष्णनगरी पहुँचे तो वहाँ उन्होंने वृंदावन देखा और कृष्ण को पुकारा, 'हे कृष्ण, तुम्हारी कृपा जिन-जिन चीज़ों पर हुई है, वे सब यहाँ हैं, मगर तुम कहाँ हो? तुम दर्शन दो।' यानी अब वे कृष्ण भक्ति कर रहे थे। इसका अर्थ है कि वे जहाँ भी जाते, उसी में विलीन हो जाते।

हर स्थान पर जाकर वे कुछ निरीक्षण करते हुए भक्ति को महसूस करते जाते थे। उनके साथ जो लोग थे, उन्हें इन चीज़ों की पहचान थी, इसलिए वे उनकी हर हरकत को ग़लत नहीं ठहराते थे, वे उनकी लीला का आनंद लेते थे।

22

मृत्यु से सबक़

श्रीरामकृष्ण परमहंस अपनी तीर्थ यात्रा में कई लोगों से मिले। उनमें से कुछ लोग उनका तेज और भाव समाधि देखकर आश्चर्य करते थे, जबकि कुछ उन्हें पागल समझ लेते थे। तीर्थयात्रा के बाद जब वे वापस कोलकाता आए तो उन्हें पता चला कि उनका भतीजा अक्षय बीमार पड़ गया है। सभी लोगों को परेशान बैठा देखकर रामकृष्ण परमहंस ने कहा, 'डॉक्टर को बुलाओ, वैसे भी अब यह बचनेवाला नहीं है।' उनके मुँह से निकले इन शब्दों को सुनकर वहाँ मौजूद लोगों को बड़ी हैरानी हुई। रामकृष्ण को ख़ुद भी आश्चर्य हुआ कि 'आख़िर मैंने ऐसी पंक्तियाँ कैसे बोल दीं।'

हालाँकि डॉक्टर के आने से पहले ही अक्षय की मृत्यु हो गई। यह देखकर रामकृष्ण परमहंस हँसने लगे और बोले, 'आख़िर तलवार म्यान से निकल ही गई। म्यान की रचयिता काली माँ की जय हो।' फिर वे बार-बार यही बात दोहराने लगे। वहाँ मौजूद नए लोगों को रामकृष्ण का अक्षय की मृत्यु पर इस तरह हँसना पसंद नहीं आया। हालाँकि जो लोग पहले से सब जानते थे और रामकृष्ण परमहंस के भीतर उच्च चेतना को महसूस कर सकते थे, उन्हें समझ में आ गया कि अगर वे ऐसी कोई पंक्ति कह रहे हैं तो उसके पीछे ज़रूर कोई न कोई बात होगी।

आगे रामकृष्ण परमहंस ने अपने शिष्यों को बताया कि 'अक्षय की मृत्यु के दो दिन बाद जब मैं उसके कमरे के बाहर से गुज़र रहा था तो अचानक मुझे गहरा दुःख महसूस हुआ और अंदर से ऐसा लगा, जैसे:

किसी ने मुझे भावनात्मक रूप से गीले तौलिया की तरह निचोड़ दिया हो। मेरी आँखों में आँसू आ गए और मैं रोने लगा, जबकि कल मैं हँस रहा था। मुझे समझ में आ गया कि इस घटना के माध्यम से माता ज़रूर मुझे कोई सबक़ सिखाना चाहती है।' उनके इस वृत्तांत से पता चलता है कि इस तरह की घटना में भी रामकृष्ण की समझ कैसे काम करती है। रोना और हँसना तो हर इंसान को आता है लेकिन महत्त्व इस बात का है कि इंसान अपनी हँसी और रोने को कैसे देखता है। उन्होंने अपने शिष्यों से आगे कहा, 'अगर अक्षय की मृत्यु पर मैं इतनी पीड़ा महसूस कर रहा हूँ तो जब अन्य लोगों के सगे-संबंधी या क़रीबी रिश्तेदार मरते होंगे तो उन्हें कितना दु:ख होता होगा? शायद माता मुझे यही सब महसूस करवाना चाहती है, वह चाहती है कि मैं उनका दु:ख समझूँ और उनके लिए कुछ कर सकूँ।'

रामकृष्ण परमहंस का शरीर बहुत ईमानदार था। उन्होंने इस बात की फ़िक्र नहीं की कि लोग अक्षय की मृत्यु पर उन्हें हँसता देख क्या सोचेंगे। उन्होंने जो महसूस किया, वह जता दिया। भले ही वे अक्षय की मृत्यु पर हँस भी रहे थे और रो भी रहे थे, मगर ख़ास बात यह है कि उन्हें पता था कि वे ऐसा क्यों कर रहे हैं। आगे चलकर उनके दूसरे भाई रामेश्वर की भी मृत्यु हो गई। इससे भी उन्हें भारी दु:ख पहुँचा लेकिन मृत्यु की इन घटनाओं ने उन्हें और परिपक्व बना दिया। वे पीड़ा सहते हुए गुरु रामकृष्ण के रूप में तैयार हो रहे थे। आम तौर पर ज़्यादातर लोग अपनी उत्सुकतावश उन्हें देखने या सुनने के लिए आते थे लेकिन अभी तक उन्होंने गुरु की भूमिका निभाना शुरू नहीं किया था। अभी तो हर घटना के साथ वे गुरु बनने के लिए तैयार हो रहे थे।

एक दिन उनका भाँजा एक बछड़े को लेकर कहीं जा रहा था। उन्होंने पूछा, 'यह बछड़ा कहाँ लेकर जा रहे हो?' उसने कहा, 'मैं यह बछड़ा पालने के लिए लेकर जा रहा हूँ, ताकि बड़ा होकर यह खेतों में हल चला सके।' यह सुनते ही रामकृष्ण परमहंस को चक्कर आ गया और वे गिर पड़े। जब उनसे पूछा गया कि 'क्या हुआ?' तो उन्होंने कहा,

'कैसा इंसान है? उसे ईश्वर पर कितना कम यक़ीन है, भविष्य के लिए न जाने क्या-क्या सोच रहा है, कितना कुछ जमा कर रहा है, यही सब सोचकर मुझे चक्कर आ गया।' उन्होंने आगे कहा, 'अब रिश्ते बनाने के पीछे भी इंसान की कोई न कोई योजना होती है। जैसे लोग अपने बच्चों को इस उम्मीद में पालते हैं कि वे बड़े होकर उनके बुढ़ापे का सहारा बनेंगे।'

दरअसल आज का इंसान सब कुछ जमा करने में ही पूरा समय गँवा रहा है। काश! इंसान का ईश्वर पर विश्वास होता तो वह जानवरों पर अत्याचार कभी नहीं करता। इन उदाहरणों से पता चलता है कि रामकृष्ण के जीवन की यात्रा कैसे आगे बढ़ी और कैसे वे अलग-अलग घटनाओं से सीखते रहे व लोगों को ज्ञान देने के लिए निमित्त बने।

अपने भाई रामेश्वर की मृत्यु के बाद उन्होंने माँ को सांत्वना दी। इस पर माँ ने कहा, 'इसमें दुःख मनाने की कोई बात नहीं है, एक दिन तो सबको जाना है।' रामकृष्ण परमहंस यह सुनकर बहुत ख़ुश हुए, उन्होंने माँ को गले से लगाया और कहा, 'तुमने मेरी चिंता दूर कर दी। **मनुष्य जन्म मिलने के बाद भी ईश्वर के साथ हमारा तालमेल नहीं हुआ तो मनुष्य जन्म बेकार है** और तुमने यह कहकर मुझे बोझ से मुक्त कर दिया क्योंकि अब ईश्वर के साथ तुम्हारा तालमेल हो चुका है।'

आप समझ सकते हैं कि रामकृष्ण परमहंस की माँ के लिए यह स्थिति कितनी कठिन रही होगी। उनका बड़ा बेटा पहले ही गुज़र चुका था, अब दूसरा बेटा भी गुज़र गया, बेटों के बेटे भी मर रहे थे, इसके बावजूद वे सांत्वना देनेवाले अपने बेटे को समझा रही थी। इसीलिए रामकृष्ण परमहंस का पृथ्वी पर जो माँ का क़र्ज़ माना जाता है, माँ के सकारात्मक शब्द सुनकर वह समाप्त हो गया। इसके बाद वे कुछ समय तक माँ के साथ ही रहे। आख़िरकार 94 वर्ष की उम्र में उनकी माँ की मृत्यु हुई।

रामकृष्ण परमहंस के साथ जो भी लोग थे, धीरे-धीरे उन सबकी मृत्यु हो रही थी। माँ के गुज़रने के कुछ दिनों बाद माथुरनाथ की भी मृत्यु

हो गई। दरअसल इतने सारे क़रीबियों की मृत्यु देखकर, निराकार से आगे की अवस्था में जाने के लिए उनकी तैयारी भी हो रही थी।

23

शिष्यों के लिए प्रार्थना

रामकृष्ण परमहंस जीवन की हर घटना के साथ आध्यात्मिक स्तर पर गहरी समझ प्राप्त करके आगे बढ़ते जा रहे थे। अब उनकी प्रार्थनाएँ भी बदलने लगीं। पहले वे माता को पुकारते थे कि 'तुम मेरे पास आ जाओ।' उन्हें समझ में आ गया कि माता तो यहीं पर है और वे उनसे कभी नहीं बिछड़ेंगे। अब उनके अंदर से नई प्रार्थना निकली कि 'जिन लोगों के लिए मैं तैयार हुआ हूँ, वे लोग कब आएँगे? अर्थात मेरे आध्यात्मिक बच्चे कब आएँगे?' इस तरह उन्होंने पहली बार अपने शिष्यों के लिए प्रार्थना की कि 'इस पृथ्वी पर जिन लोगों का यह आख़िरी जन्म है, वे मेरे पास आएँ और जिन लोगों ने एक बार भी अपने जीवन में पूरे दिल से ईश्वर का नाम लिया हो, वे भी मेरे पास आएँ।'

यह प्रार्थना शुरू हुई और प्रार्थना के बाद वे बीच-बीच में माता से कहते भी रहे कि 'आज का भी दिन बेकार गया, कोई आया ही नहीं।' वे हर दिन प्रार्थना करते और जो भी उन्हें महसूस होता, वे सब माता को बताते रहते, जैसे : 'आज मैं बिछड़ा हुआ महसूस कर रहा हूँ।' साथ ही वे यह भी कहते कि 'इतने दिनों से प्रार्थना कर रहा हूँ, अभी तक कोई शिष्य आया नहीं है।'

फिर एक दिन दो शिष्य आए। एक का नाम था, रामचंद्र दत्त और दूसरे का मनमोहन मित्र। रामचंद्र दत्त बंगाली डॉक्टर थे। दोनों ब्रह्मसमाज के सदस्य भी थे।

जब ये दोनों पहली बार रामकृष्ण परमहंस के पास गए तो उनके लिए दरवाज़ा स्वयं रामकृष्ण ने ही खोला था। मगर ये दोनों उन्हें पहचान नहीं पाए। उन्हें लगा कि किसी नौकर ने दरवाज़ा खोला है इसलिए वे अंदर झाँककर देखने लगे कि जिससे मिलना है, वह अंदर है या नहीं? जब वे अंदर पहुँचे तो उन्हें पता चला कि ये ही श्री रामकृष्ण परमहंस हैं। लेकिन वे दोनों तो यह सोचकर आए थे कि हम एक ऐसे इंसान से मिलने जा रहे हैं, जो भक्त भी है, साधु भी है और संसारी होने के बावजूद संन्यासी भी है। रामचंद्र और मनमोहन, दोनों के मन में यह कल्पना थी कि 'रामकृष्ण परमहंस लंगोट और मालाएँ पहने होंगे, उनके बालों में जटाएँ होंगी और वे संस्कृत में बात करते होंगे।' लेकिन यहाँ आकर पता चला कि ऐसा तो कुछ भी नहीं है। उन दोनों ने तुरंत श्री रामकृष्ण के पैर छुए और अपना सवाल रखा, 'क्या ईश्वर वाक़ई में है? अगर है तो हम ईश्वर का दर्शन करना चाहते हैं।' ब्रह्मसमाज में उन दोनों ने ईश्वर के बारे में काफ़ी कुछ सुन रखा था, जिससे वे सहमत भी थे। साथ ही आध्यात्मिक विषयों पर उन्होंने काफ़ी अध्ययन भी कर रखा था। लेकिन अभी तक उन्हें ईश्वर के दर्शन नहीं हुए थे और वे बड़ा ख़ालीपन सा महसूस कर रहे थे इसलिए उन्होंने सीधा सवाल पूछा, जिस पर रामकृष्ण परमहंस ने जवाब दिया, 'बिलकुल ईश्वर है। उसी तरह है, जैसे दिन में तारे होते हैं।' यह जवाब सुनते ही उन दोनों को दिन में तारे दिखाई देने लगे (मुहावरा) क्योंकि वे सोच रहे थे कि ईश्वर का दर्शन इंद्रियों के ज़रिए ही होता होगा।

ईश्वर के प्रति रामकृष्ण की दृढ़ता

जो बातें इंसान को तार्किक नहीं लगतीं, उन्हें वह अर्थहीन मान लेता है और उसे उनमें सच्चाई नहीं दिखाई देती। रामचंद्र दत्त और मनमोहन को भी कुछ ऐसा ही लग रहा था। लेकिन रामकृष्ण परमहंस से बातचीत करके और उनकी दृढ़ता देखकर उन दोनों को विश्वास हो गया कि 'अगर हम वाक़ई अध्यात्म में कुछ कर सकते हैं तो वह सिर्फ़ रामकृष्ण परमहंस की छाया में रहकर ही संभव है।' उसके बाद वे हर रविवार को रामकृष्ण

परमहंस के पास आते और उनकी बातें सुनते। धीरे-धीरे उन्हें रामकृष्ण की कुछेक बातें समझ में आने लगीं।

रामचंद्र दत्त और मनमोहन, ये दोनों भी रामकृष्ण परमहंस के पास आए हुए सबसे पहले सांसारिक शिष्य थे। आगे कई और लोग आए, जो संन्यासी शिष्य बने। रामकृष्ण परमहंस अपने इन दोनों शिष्यों से ख़ूब बातचीत करते थे। एक दिन रामचंद्र दत्त बहुत ही अधीर हो गए। उन्होंने रामकृष्ण परमहंस के कंधों को पकड़कर कहा, 'आप कुछ करते क्यों नहीं... आप कुछ करते क्यों नहीं... आपको कुछ करना चाहिए... कुछ करना चाहिए...' रामकृष्ण परमहंस ने उनसे कहा, 'देखो, तुम्हारा मुझ पर कोई क़र्ज़ नहीं है। तुम्हें आना है तो आओ, नहीं आना है तो मत आओ।' इसके बाद रामचंद्र दत्त शांत हो गए और चुपचाप आकर बैठने लगे। उन्हें समझ में आ गया था कि गुरु से ज़बरदस्ती करके जल्दी-जल्दी ज्ञान प्राप्त नहीं किया जा सकता। दरअसल जब भी कोई शिष्य अधीर हो जाता है तो उसे लगता है कि मंज़िल सामने होते हुए भी क्यों नहीं मिल रही है। ऐसे में वह कभी-कभी अपने आपको रोक नहीं पाता। रामचंद्र के साथ भी यही हुआ। लेकिन आगे रामकृष्ण परमहंस से ज्ञान प्राप्त करके वे उनके आनेवाले शिष्यों के लिए निमित्त बने।

24

पहली बार निभाई गुरु की भूमिका

रामकृष्ण परमहंस जीवन में पहली बार गुरु की भूमिका निभा रहे थे। पहले वे लोगों के सामने जिस प्रकार बातचीत करते थे और अब शिष्यों के साथ जो बातचीत होती थी, दोनों में फ़र्क़ आने लगा। अब वे इस पर अधिक ध्यान दे रहे थे कि सत्य का श्रवण करने आनेवाले लोग भक्ति और ज्ञान में पक जाएँ। इसके लिए उन्होंने सबसे पहले अपने शुरुआती दो शिष्यों के साथ प्रयोग शुरू किया।

रामकृष्ण परमहंस के पास नियमित रूप से आकर उनकी ज्ञान की बातें सुनने से रामचंद्र दत्त का धीरज भी बढ़ गया और फिर वे आनंद भी महसूस करने लगे। रामकृष्ण के ये शिष्य आगे उनके ज्ञान का प्रचार-प्रसार करने के लिए निमित्त बननेवाले थे। रामचंद्र दत्त ने आगे जिस शिष्य को ज्ञान प्राप्ति के लिए प्रेरित किया, उसी ने रामकृष्ण परमहंस की शिक्षाओं को दुनियाभर के लोगों तक पहुँचाया। उस लाजवाब शिष्य का नाम है - नरेन्द्र यानी स्वामी विवेकानन्द।

एक बार रामकृष्ण परमहंस ने सांसारिक लोगों को मार्गदर्शन देते हुए कहा कि 'शादी के बाद एक स्त्री को जब तक बच्चा पैदा नहीं हो जाता, तब तक उसका जीवन माया में, सांसारिक बातों में डूबा रहता है और वह मनोरंजन में व्यस्त रहती है। लेकिन जैसे ही उसे बच्चा होता है, उसके बाद उसका पूरा ध्यान अपने बच्चे की ओर चला जाता है। वह दिन-रात अपने बच्चे की सेवा करती रहती है।' एक शिष्य भी उस स्त्री की तरह

ही होता है। बिना ज्ञान के वह पहले सांसारिक बातों में एवं माया की सुविधाओं में रहता है। जबकि ज्ञान प्राप्त होने के बाद उसका पूरा ध्यान सत्य पर ही होता है।

रामकृष्ण परमहंस ने रामचंद्र दत्त और मनमोहन जैसे संसारी शिष्यों को भी यही समझ दी कि 'आपको सबसे पहले अपने भीतर माता को जाग्रत करना है और फिर उसकी सेवा में लगना है।'

रामचंद्र और मनमोहन के बाद रामकृष्ण का एक और शिष्य बना, जिसका नाम सुरेश था लेकिन रामकृष्ण परमहंस उसे 'सुरेन्द्र' के नाम से पुकारते थे। उसे शराब पीने की लत थी। रामकृष्ण परमहंस ने उसे मार्गदर्शन देते हुए कहा, 'तुम जिस स्थान पर शराब पीने जाते हो, वहाँ पर अपने साथ माता को क्यों नहीं लेकर जाते? तुम शराब पिओ मगर पहला भोग माता को लगाओ और शराब पीते समय यह ध्यान रखो कि नशा न होने पाए।' इस प्रकार का मार्गदर्शन मिलने के बाद कुछ समय उपरांत ही सुरेन्द्र शराब की लत से मुक्त हो गया। रामकृष्ण परमहंस अपने हर शिष्य पर इसी प्रकार काम करते थे।

वे चाहते थे कि उनके पास वे ही लोग आएँ, जो गहराई से काम करने के इच्छुक हों। उस समय उनके पास ज़्यादातर सांसारिक लोग ही आते थे क्योंकि सांसारिक लोगों के जीवन में मुश्किलें और कठिनाइयाँ कुछ ज़्यादा ही होती थीं। रामकृष्ण परमहंस को उस समय उन लोगों में जो दिख रहा था, उसके अनुसार उन्होंने मार्गदर्शन देते हुए कहा, 'एक-दो बच्चे पैदा होने तक आप पति-पत्नी की तरह रहें। फिर उसके बाद भाई-बहन की तरह रहें। यानी भाई-बहन की तरह एक-दूसरे के साथ बातचीत करें, आध्यात्मिक मनन करें और अपना संघ बनाएँ।'

उसके बाद लाटू नाम का शिष्य आया, जो रामकृष्ण परमहंस का अटेंडेंट (परिचारक) बना। फिर राखाल नाम का शिष्य आया, जिसे उन्होंने अपने मानसपुत्र के रूप में स्वीकार किया। मानसपुत्र का अर्थ होता है, 'जो मन से जुड़ा (पैदा) हुआ हो।' ये शिष्य लंबे समय तक रामकृष्ण परमहंस के साथ थे। कुछ शिष्य अमीर थे... कुछ ग़रीब भी थे... कुछ

अनपढ़ भी थे... और कुछ डॉक्टर्स भी थे, जो उनके शिष्य बने... रामकृष्ण परमहंस का जो सबसे बूढ़ा शिष्य था, उसका नाम गोपाल था। वह काग़ज़ का व्यापारी था। धीरे-धीरे रामकृष्ण परमहंस के पास हर तरह के लोग शिष्य बनने के लिए आने लगे। उनमें से युवा शिष्यों को उन्होंने संन्यास की दीक्षा दी। इन सभी शिष्यों को आगे चलकर शारदा माँ का मार्गदर्शन मिला और उन्नीसवीं सदी में उन्होंने मिलकर 'रामकृष्ण मिशन' को आगे बढ़ाया।

25

रामकृष्ण की नरेन्द्र से मुलाक़ात

एक दिन रामकृष्ण परमहंस को सपने में नरेन्द्र का चेहरा दिखाई दिया। जबकि उस समय वे न तो उन्हें जानते थे, न कभी मिले थे। नरेन्द्र से पहले भी जो शिष्य उनके पास आए थे, उन सबके चेहरे भी उन्हें बीच-बीच में दिखाई देते थे। इसलिए कभी-कभी कोई इंसान रामकृष्ण परमहंस के सामने आता तो वे पूछते कि 'अरे, इतने दिन क्यों लगा दिए?' फिर एक दिन जब नरेन्द्र सचमुच रामकृष्ण परमहंस के सामने आए तो उन्होंने नरेन्द्र का हाथ पकड़ा और कहा, 'तुमने आने में इतने दिन क्यों लगा दिए? इतने दिन तक तुम मुझसे अलग कैसे रह पाए?' यह कहते ही वे भावुक हो गए और उनकी आँखें भर आईं। आगे उन्होंने कहा, 'मैं कब से तुम्हारा इंतज़ार कर रहा था। लोगों की निरर्थक बातें सुन-सुनकर मेरे कान पक गए थे। अब तुम आ गए हो तो एक सच्चे खोजी से बात करने का आनंद आएगा। तुम नर के रूप में नारायण हो और इस दुनिया का कल्याण करने के लिए इंसान का रूप लेकर आए हो।'

रामकृष्ण परमहंस की बातें सुनकर नरेन्द्र हैरान रह गए। वे मन ही मन बड़बड़ाने लगे, 'मैं तो विश्वनाथ दत्त का पुत्र हूँ, साधारण सा इंसान हूँ और रामकृष्ण परमहंस मुझसे ऐसे बातें कर रहे हैं, जैसे मैं अभी-अभी आकाश से उतरा कोई देवता हूँ।'

रामकृष्ण परमहंस की बातें नरेन्द्र को बिलकुल समझ में नहीं आईं। उन्होंने नरेन्द्र को नारायण इसलिए कहा क्योंकि वे नरेन्द्र की संभावनाओं

को देख पा रहे थे। हम सब जानते हैं कि भविष्य में नरेन्द्र ने स्वामी विवेकानन्द के रूप में न सिर्फ़ भारत में बल्कि विदेशों में भी रामकृष्ण परमहंस की शिक्षाओं का प्रसार किया।

रामकृष्ण परमहंस के अतार्किक व्यवहार को देखकर नरेन्द्र दुविधा में पड़ गए और सोचने लगे कि 'ये वाक़ई एक संत हैं या फिर कोई पागल हैं?' जब नरेन्द्र वहाँ से लौटने लगे तो रामकृष्ण परमहंस ने उन्हें इसी शर्त पर जाने दिया कि वे जल्द ही वापस लौटेंगे।

आम तौर पर शिष्य अपने गुरु से मिलने की अनुमति माँगता है लेकिन गुरु-शिष्य की इस जोड़ी में गुरु स्वयं शिष्य से मिलने की अनुमति माँग रहे थे। क्योंकि शिष्य अभी जाग्रत नहीं था, वह बेहोश था और अपनी संभावनाओं को, अपने भीतर के चैतन्य को पहचानता नहीं था। उसे यह ख़बर ही नहीं थी कि वह संपूर्ण विश्व के लिए कैसे निमित्त बननेवाला है। जल्द ही गुरु रामकृष्ण परमहंस और गुरु माँ यानी काली माता, दोनों के साथ नरेन्द्र का जीवन एक नई दिशा लेने जा रहा था।

रामकृष्ण परमहंस को नरेन्द्र में हमेशा नारायण ही दिखाई देते थे इसलिए वे उनसे बेहद प्रेम करते थे। उन्होंने स्वयं जिस परम आनंद का अनुभव किया था, वही वे अपने शिष्य नरेन्द्र को करवाना चाहते थे। दरअसल वे नरेन्द्र की दो नावों की सवारी को तोड़ना चाहते थे। कोई भी सच्चा गुरु अपने भक्त को किसी नेता की भाँति वोट पाने के लिए ख़ुश नहीं करता और न ही गुरु को भक्त से किसी लाभ की उम्मीद होती है। क्योंकि गुरु लाभ-हानि से ऊपर उठ चुके होते हैं।

रामकृष्ण परमहंस ने नरेन्द्र को बहुत जल्द ही समाधि की झलक दिखाई। उस वक़्त वे नहीं जानते थे कि समाधि क्या है।

एक बार नरेन्द्र अपने कुछ दोस्तों के साथ दक्षिणेश्वर पहुँचे। उस समय रामकृष्ण मंदिर में बैठे थे। नरेन्द्र को देखते ही उन्होंने उसे अपने नज़दीक बैठने का इशारा किया। भजन शुरू हुआ तो नरेन्द्र ने देखा कि रामकृष्ण परमहंस अपने स्थान से सरकते हुए उनके नज़दीक आ रहे हैं। नरेन्द्र को शंका हुई कि शायद वे फिर से पहले जैसी ही बातें शुरू कर

देंगे। लेकिन जब उन्होंने नरेन्द्र के काफ़ी नज़दीक आकर उनके सिर पर अपना हाथ रखा तो नरेन्द्र एक अनजानी अवस्था में चले गए। रामकृष्ण परमहंस ने पहली बार नरेन्द्र को समाधि का अनुभव करवाया।

इस अनुभव से नरेन्द्र बहुत घबरा गए, उन्हें मौत का एहसास होने लगा। उन्होंने हिम्मत बटोरकर कहा, 'आप यह क्या कर रहे हैं, मुझे मेरे माता-पिता के पास जाना है।' तब रामकृष्ण परमहंस ने उनके तेजस्थान (हृदय) पर हाथ रखा और कहा, 'ठीक है अभी रहने दो, जल्दबाज़ी नहीं करेंगे, आज के लिए इतना ही काफ़ी है।' और इस तरह नरेन्द्र समाधि के अनुभव से बाहर आ गए। रामकृष्ण परमहंस ने जान लिया कि पहले नरेन्द्र को इसके लिए तैयार करना होगा ताकि वे समाधि के अनुभव को सँभाल सकें। वे नरेन्द्र के भीतर के गुणों को देख पा रहे थे और वे जानते थे कि नरेन्द्र अपने ज्ञान और अनुभव का उपयोग लोगों के कल्याण के लिए ही करेगा।

26

रामकृष्ण के प्रिय शिष्य बने नरेन्द्र

रामकृष्ण और उनके शिष्य नरेन्द्र की एक अनोखी जोड़ी थी। हालाँकि इस जोड़ी को बनने में एक समय लगा क्योंकि नरेन्द्र शुरुआत में कच्चे शिष्य थे। धीरे-धीरे जब नरेन्द्र तैयार हुए तो यह जोड़ी विश्व प्रसिद्ध हुई। गुरु-शिष्य के रिश्ते में, सत्य देनेवाला और सत्य माँगनेवाला, दोनों ही तरफ़ समान आकर्षण तैयार होता है इसलिए इस रिश्ते को सबसे महत्त्वपूर्ण रिश्ता, तेजरिश्ता कहा गया है। ऐसा रिश्ता जो हर रिश्ते के परे है। कुछ ऐसा ही रिश्ता था गुरु रामकृष्ण परमहंस का अपने शिष्य नरेन्द्र के साथ।

शुरुआत में गुरु अथवा गुरु से मिले ज्ञान के प्रति शिष्य के मन में संदेह होना स्वाभाविक है। **सत्य को शब्दों में बताना कठिन होता है, फिर भी गुरु हमारे लिए यह सत्य बहुत आसान शब्दों में बताते हैं।** इसके लिए कभी-कभी गुरु को अतार्किक बातें या अतार्किक व्यवहार करना पड़ता है। इससे शिष्य भ्रम में पड़ जाता है क्योंकि उसे गुरु का व्यवहार और बातें समझ में नहीं आतीं। लेकिन यह विश्वास रखें कि गुरु के इस व्यवहार के पीछे कोई न कोई कारण अवश्य होता है। समय आने पर गुरु शिष्य के सामने हर रहस्य खोलते हैं।

रामकृष्ण परमहंस के लिए नरेन्द्र नारायण थे क्योंकि वे पहले ही अपने शिष्य के गुणों को पहचान गए थे और उनकी सरलता व ईमानदारी को महसूस कर रहे थे। नरेन्द्र में कपटमुक्तता से बात करने का गुण था।

वे रामकृष्ण परमहंस से अकसर कहा करते थे, 'जब आप कहते हैं कि मुझे काली माता दिखती हैं तो मुझे लगता है कि आपके दिमाग़ में कोई खलल है इसीलिए आपके साथ ऐसा होता है।' अपनी ऐसी बातों से दरअसल नरेन्द्र अपने गुरु पर सवाल उठाते थे लेकिन रामकृष्ण परमहंस कभी भी नरेन्द्र की बातों का बुरा नहीं मानते, उलटा यह कहते, 'अच्छा, ऐसा है क्या! मैं अभी जाकर माता से पूछकर आता हूँ।' फिर हँसते-हँसते वापस आते और कहते, 'ऐसा नहीं है रे। माता ने कहा है कि नरेन्द्र तो बच्चा है, वह अभी नहीं समझेगा, जब बड़ा हो जाएगा तो सब समझ जाएगा।'

रामकृष्ण परमहंस नरेन्द्र पर इतना भरोसा करते थे कि जब भी कोई बुद्धिजीवी उनसे मिलने आता तो वे नरेन्द्र को उसके सामने बिठा देते और कहते, 'अब इस विषय पर चर्चा करो।' चर्चा के दौरान नरेन्द्र की बातें सुनकर रामकृष्ण परमहंस बहुत ख़ुश होते कि 'वाह! क्या बताया, क्या बढ़िया बताया तुमने।' नरेन्द्र उस समय समझ नहीं पाते थे कि रामकृष्ण परमहंस ऐसा व्यवहार क्यों करते हैं, लेकिन बाद में उन्होंने समझा कि यह तो उनकी लीला थी। नरेन्द्र को लगता था कि 'मैंने कितनी अच्छी बातें कहीं, उस बुद्धिजीवी के सामने कितने अच्छे तर्क रखे और कितनी अलग-अलग पुस्तकों से संदर्भ दिए।' रामकृष्ण परमहंस यह सब सुनते रहते थे।

शिष्य द्वारा ली गई परीक्षा

रामकृष्ण परमहंस धन-दौलत को कभी हाथ नहीं लगाते थे, यह बात उनके शिष्य नरेन्द्र जानते थे। इसलिए उनकी परीक्षा लेने हेतु नरेन्द्र ने एक सिक्का रामकृष्ण परमहंस के बिस्तर के सिरहाने छिपाकर रख दिया। रामकृष्ण परमहंस जैसे ही आकर बिस्तर पर बैठे तो तुरंत उठ खड़े हुए और इधर-उधर देखने लगे। उन्हें इस तरह परेशान देखकर उनके किसी शिष्य ने पूछा, 'क्या हुआ?' उन्होंने कहा, 'मुझे लगता है कि यहाँ कुछ अलग सा है, यहाँ से अलग ही तरंग आ रही है, ज़रा देखो तो।' शिष्य ने चादर झटकी तो वह सिक्का नीचे गिरा। तब रामकृष्ण परमहंस ने नरेन्द्र

को देखा और समझ गए कि यह किसकी शरारत है। यह देखकर नरेन्द्र वहाँ से चुपचाप खिसक गए।

नरेन्द्र प्रयोग करके देखते रहते थे कि 'रामकृष्ण परमहंस वाक़ई सिद्धपुरुष हैं या फिर उन्हें कोई दिमाग़ी खलल है? उन्हें सचमुच काली माता दिखती हैं या वे बस ऐसे ही कहते रहते हैं?'

कच्चे शिष्य के मन में अकसर ऐसे सवाल आते हैं। रामकृष्ण परमहंस के प्रेम को भी नरेन्द्र समझ नहीं पाते थे इसलिए अकसर उनसे कहा करते थे, 'राजा भरत के साथ मरते समय जैसा हुआ था, आपके साथ भी वही होनेवाला है। राजा भरत को मरते वक़्त अपने हिरन से प्रेम हो गया था। मरने के बाद वे हिरन ही बन गए और उन्हें मोक्ष नहीं मिला। आप मुझसे इतना प्यार करते हैं, यह मोह आपको अटका देगा, आप मुक्त नहीं हो पाएँगे।' इस पर रामकृष्ण परमहंस कहते, 'अरे! ऐसा है क्या, मैं अभी जाकर माता से पूछता हूँ।' वे यह भी कहते, 'तुम्हारी बातें सही लगती हैं, तुमने जो तर्क दिया है, वह सही लग रहा है लेकिन मैं क्या करूँ, तुम्हें देखे बिना मुझे चैन ही नहीं आता।' इसके बाद वे मंदिर में जाते और बाहर आकर नरेन्द्र से कहते, 'ऐसा नहीं है रे! माता ने बताया है कि तुम नरेन्द्र के भीतर नारायण को देखते हो इसलिए तुम्हें उससे इतना प्रेम है। जिस दिन तुम्हें नारायण दिखना बंद हो जाएँगे, उस दिन से तुम्हें नरेन्द्र की शक्ल देखना भी पसंद नहीं आएगा।'

रामकृष्ण परमहंस नरेन्द्र को मार्गदर्शन देते हुए कहते थे कि 'तुम जिस भी रूप में ईश्वर को पुकारते हो, उसका ध्यान करते हो, वह करते रहो। अगर तुम ईश्वर को अपने तरीक़े से स्वीकार करना चाहते हो तो उसी तरह ध्यान और प्रार्थना करते रहो। जिस दिन वह प्रार्थना पूरी हो जाएगी, उस दिन से तुम्हारी आस्था उसी स्वरूप में हो जाएगी। तुम उसी को मानने लगोगे।'

27

विश्वास का महत्त्व

रामकृष्ण परमहंस अपने पहले दो शिष्य, मनमोहन और रामचंद्र दत्त से सवाल पूछकर, गुरु के प्रति उनके विश्वास को परखते थे। वे उनसे पूछते कि 'मुझे देखकर तुम्हें क्या लगता है?' इस पर रामचंद्र दत्त कहते, 'मुझे ऐसा लगता है कि मैं एक चैतन्य से बात कर रहा हूँ।' इस पर रामकृष्ण कहते, 'लेकिन मुझे लग रहा है, जैसे तुम मुझ पर शक कर रहे हो।' यह सुनकर रामचंद्र चुप हो जाते क्योंकि उनके अंदर तो वैसे विचार आते ही थे। जब गुरु द्वारा क़दम-दर-क़दम ज्ञान नहीं मिलता और उनकी ऊटपटांग व अतार्किक बातें समझ में नहीं आतीं तो शिष्य के मन में शंका आने लगती और मन तो वैसे भी हमेशा तरह-तरह की शंकाओं से भरा रहता है। जब नरेन्द्र नियमित रूप से उनके पास आने लगे तब रामकृष्ण परमहंस ने अलग-अलग समय पर नरेन्द्र को उदाहरणों द्वारा कुछ इशारे देने शुरू किए। उन इशारों में उन्होंने विश्वास पर मार्गदर्शन देते हुए एक कहानी बताई।

एक राजा था, जिससे एक ब्राह्मण की हत्या हो गई थी। इसका प्रायश्चित्त कैसे हो, यह जानने के लिए राजा एक योग ऋषि के घर गए। लेकिन वे ऋषि उस समय घर पर नहीं थे बल्कि उनका बेटा था। राजा ने बेटे को पूरी घटना विस्तार से बताई। इस पर बेटे ने कहा, 'हालाँकि पिताजी घर पर नहीं हैं लेकिन अगर आप तीन बार सच्चे दिल से ईश्वर का नाम लेंगे तो प्रायश्चित्त हो जाएगा।' ऐसा कहकर उसने राजा को वापस भेज दिया।

जब ऋषि घर आए तो बेटे ने उन्हें पूरी बात बताई। ऋषि ने अपने बेटे को डाँटते हुए कहा कि 'तुमने राजा से ऐसा क्यों कहा कि तीन बार सच्चे दिल से ईश्वर का नाम लेने से प्रायश्चित्त हो जाएगा? क्योंकि प्रायश्चित्त तो एक बार नाम लेने से ही हो जाता है। क्या तुम्हारे अंदर उतना विश्वास नहीं है?'

इन उदाहरणों के साथ एक अन्य उदाहरण और है, जिसके माध्यम से रामकृष्ण परमहंस ने नरेन्द्र को तैयार किया। जैसे : अगर ईंधन हो तो रेल का इंजन अपने अंतिम स्टेशन तक पहुँच जाता है और उसके सामने कोई बाधा नहीं आती। लेकिन उसमें यह क्षमता (पोटेन्शियल) भी होती है कि वह अपने साथ कई और डिब्बे लेकर जा सकता है। ये डिब्बे अपने बूते आगे नहीं बढ़ सकते। ऐसे डिब्बों में सांसारिक लोगों के साथ उनकी चिंताएँ, डर, विकार, बोझ, तनाव जैसे नकारात्मक भावनाओं के माल भरे होते हैं। इन्हें खींचकर अंतिम स्टेशन तक पहुँचाने की क्षमता इंजन में होती है। इसी के लिए इंजन को जाग्रत होना पड़ता है।

जैसे : एक सीप पानी के ऊपर अपना मुँह खोलकर तैरती रहती है। लेकिन जैसे ही बारिश की एक बूँद उसके अंदर जाती है तो वह मुँह बंद करती है और समुंदर के गर्भ में जाकर तब तक बैठी रहती है, जब तक वह बूँद मोती नहीं बन जाती। मोती के बनने तक वह बंद रहती है, समुद्र के अंदर रहती है। एक शिष्य को भी उसी सीप की तरह ही होना चाहिए, जो गुरु के द्वारा मिले ज्ञान के बीज को लेकर, तब तक गर्भ में यानी मनन ध्यान में बैठे, जब तक यह ज्ञान का मोती नहीं बन जाता। **शिष्य ऐसा होना चाहिए, जो ज्ञान को मोती बनाए और ज्ञान के बीज को तब तक अपने अंदर रखे, जब तक वह मोती न बन जाए।**

एक दिन रामकृष्ण परमहंस अपने शिष्यों को मार्गदर्शन दे रहे थे। उन्होंने एक उदाहरण देते हुए कहा कि 'एक गोदाम चावल की बोरियों से पूरा भरा हुआ था। गोदाम के मालिक को अंदर कुछ चूहे दिखाई दिए। चावल की बोरियों को चूहों से बचाने के लिए मालिक को एक युक्ति सूझी। वह बाज़ार से सस्ता गुड़ ख़रीदकर लाया और उसमें थोड़े से चावल

मिलाकर उन्हें गोदाम के बाहर रख दिया ताकि चूहे गोदाम के बाहर गुड़ खाकर ही संतुष्ट हो जाएँ और भीतर न आ पाएँ।

इस उदाहरण में चावल ईश्वर का प्रतीक है, गुड़ माया का प्रतीक है और चूहे इंसान का प्रतीक हैं।

जिन लोगों में ईश्वर प्राप्ति की प्यास होती है, केवल वे ही गोदाम यानी अपने भीतर जा पाते हैं। वे गुड़ यानी माया की बातों से संतुष्ट नहीं होते। वरना आज तो कई लोग सस्ते गुड़ यानी माया में अटके हुए हैं। ऐसे लोग जीवनभर सांसारिक बातों में ही उलझे रहते हैं इसलिए वे कभी अपने भीतर जा ही नहीं पाते।

जैसे : आज जब लोग कंप्यूटर पर इंटरनेट खोलते हैं तो सामने कई वेब साईट्स आती हैं। वे वेब साईट्स जान-बूझकर खोली गई हैं, ताकि लोग उन्हीं से संतुष्ट हो जाएँ और फिर कंप्यूटर बंद कर दें। लेकिन ऐसी भी कई वेब साईट्स हैं, जो हमें ईश्वर के बारे में बताती हैं लेकिन लोग ऐसी वेब साईट्स खोलते ही नहीं है। यानी वे जो देखने के लिए कंप्यूटर खोलते हैं, वह देखते ही नहीं। वे तो बस सस्ती वेब साइट्स देखने में यानी सस्ते गुड़ में उलझ जाते हैं और इस तरह माया में जीते हुए एक दिन संसार से विदा ले लेते हैं। लोग सस्ती चीज़ों में उलझकर ईश्वर को इस हद तक भुला देते हैं कि अंतिम समय तक भी उन्हें ईश्वर याद नहीं आता। नरेन्द्र में सत्य प्राप्ति की प्यास जगी थी इसलिए वे रामकृष्ण परमहंस की हर आज्ञा को मानकर, उन पर अमल करते रहे। रामकृष्ण परमहंस ने अपने इस प्रिय शिष्य नरेन्द्र को ऐसे तैयार किया कि उसने संपूर्ण विश्व में उनकी शिक्षाओं और ज्ञान का प्रसार किया।

28

रामकृष्ण परमहंस का शास्त्रार्थ

18वीं सदी में अगर कोई इंसान साक्षात्कार करना चाहता या ब्रह्मसमाज के लोग या अलग-अलग संप्रदाय के सदस्य राम कृष्ण परमहंस को सुनने आते तो उनके बीच क्या चर्चाएँ होती थीं, यह बात उस समय के शास्त्रार्थ* के एक उदाहरण से समझें। जिससे आपको पता चलेगा कि रामकृष्ण परमहंस कैसे प्रतिसाद देते थे।

एक बार रामकृष्ण परमहंस के पास कोई इंसान ईश्वर के अस्तित्त्व पर शास्त्रार्थ करने आया। उसका मानना था कि ईश्वर वगैरह जैसा कुछ नहीं होता। शास्त्रार्थ के दौरान वह रामकृष्ण के आगे अपने तर्क रख रहा था। आपने देखा होगा कि अपनी बात को सही साबित करने के लिए लोग एक-दूसरे के सामने अपने-अपने तर्क रखते हैं, हालाँकि आम तौर पर इससे भी गुत्थी सुलझ नहीं पाती। दरअसल यह आंतरिक स्पष्टता की बात है, जिसका विवरण शब्दों में नहीं दिया जा सकता।

रामकृष्ण परमहंस और उस इंसान के बीच तीखा शास्त्रार्थ चल रहा था। वह इंसान तर्क पर तर्क दिए जा रहा था। हैरानी की बात यह थी कि वह जितने मज़बूत तर्क देता था, रामकृष्ण परमहंस उन्हें सुनकर उतने ही ख़ुश होते और बार-बार कहते कि 'बड़ी सही बात कही तुमने।' उस इंसान को यह सब देखकर बड़ा आश्चर्य हुआ क्योंकि उसने तो सोचा था

---

*पुराने ज़माने में जब ज्ञानी और पंडित लोग मिलकर किसी विषय पर चर्चा किया करते थे, उसे 'शास्त्रार्थ' कहा जाता है।

कि रामकृष्ण परमहंस उसके तर्कों को काटेंगे लेकिन यहाँ तो उलटा हो रहा था। वे तो उसके तर्कों को सुनकर ख़ुश हो रहे थे।

जब काफ़ी देर तक ऐसा ही चलता रहा तो वह इंसान ज़रा दुविधा में पड़ गया, उसे लगा कि 'अगर रामकृष्ण परमहंस मेरे तर्कों को ज़रा भी नहीं काट रहे तो क्या इसका अर्थ यह है कि मैं वाक़ई सही हूँ, मेरे सारे तर्क सही हैं?' वह बेचारा स्वयं को सही मानने को लेकर दुविधा में पड़ गया। दूसरी ओर रामकृष्ण परमहंस ने उससे कहा कि 'तुमने इतने बढ़िया तर्क दिए कि मैं सुनकर हैरान रह गया, वास्तव में इतने मज़बूत और अच्छे तर्क ईश्वर के बग़ैर बन ही नहीं सकते। इसलिए तुम ख़ुद ही ईश्वर के अस्तित्त्व का सबूत हो।' रामकृष्ण परमहंस की यह बात सुनकर वह समझ गया कि वे तर्क-वितर्क और शास्त्रार्थ जैसी चीज़ों से परे हैं।

यह सब इसीलिए हुआ क्योंकि वह इंसान शास्त्रार्थ में रामकृष्ण परमहंस से जीतना चाहता था। उस इंसान को ईश्वर का अस्तित्त्व जानने में उतनी दिलचस्पी नहीं थी, जितनी ख़ुद के जीतने में। वह अपनी बात साबित करके सामनेवाले से इसलिए जीतना चाहता था क्योंकि जीत से उसे ख़ुशी मिलती थी। इसका अर्थ वह इंसान भी अपने लिए ख़ुशी की ही तलाश कर रहा था, बस सीधे तौर पर करने के बजाय घुमा-फिराकर कर रहा था। अब चूँकि रामकृष्ण परमहंस जैसे बड़े संत ने उसके तर्कों को उम्दा बता दिया था इसलिए उसे जीत का एहसास हो रहा था। वह अपनी जीत में इतना खो गया था कि उसे रामकृष्ण का तर्क समझ में ही नहीं आया। क्योंकि वह तर्क समझने के लिए अनुभव का, परमहंस चेतना का ज्ञान होना आवश्यक है।

29

रामकृष्ण परमहंस का सत्संग

रामकृष्ण परमहंस के सत्संग में ऐसे सत्र होते रहते थे, जिनमें लोग दिनभर आते-जाते रहते थे। एक आदमी उठकर जाता तो दूसरा आदमी आकर बैठ जाता। सत्संग में आनेवालों से रामकृष्ण हर तरह की बातें किया करते। किसी से पूछते कि 'कहाँ गए थे?' वह कहता कि 'फलाँ जगह कुर्सी ख़रीदने गया था' तो वे उससे कुर्सी के भाव-तोल की बात करने लगते कि 'कुर्सी कितने की मिली, किराया कितना चल रहा है, गुणवत्ता अच्छी है या नहीं,' वगैरह। यानी सत्संग में इस तरह की बातें चलती रहती थी और बीच-बीच में ज्ञान की बातें भी होती थीं।

वरिष्ठ साधु की सेवा

रामकृष्ण परमहंस के सत्संग में साधु, संत, महात्मा ऐसे हर तरह के लोग आते थे। एक दिन एक वरिष्ठ साधु वहाँ आया, जिसे सम्मान से अंदर स्थान दिया गया। अंदर आकर उसने देखा कि कोई सेवक रामकृष्ण परमहंस को पंखा झुलाते हुए हवा दे रहा था। यह देखकर साधु ने कहा कि 'मुझे भी ऐसी सेवा करने का मौक़ा मिलना चाहिए, मैं भी पंखा झुलाकर रामकृष्ण परमहंस को हवा देना चाहता हूँ।' इसके बाद उसने कुछ देर के लिए सेवा का ज़िम्मा अपने कंधों पर लिया और रामकृष्ण परमहंस को पंखा झुलाता रहा। यह देखकर रामकृष्ण परमहंस ने कहा कि 'आज तो मेरी क़िस्मत खुल गई, महाराजजी ख़ुद मेरे लिए पंखा झुला रहे हैं।'

इस प्रकार रामकृष्ण परमहंस अपने सत्संग में क़िस्मत से लेकर कुर्सी के भाव-तोल तक, हर तरह की बातें करते थे।

अप्रत्यक्ष संदेश

इसी तरह अगर कभी कोई पढ़ा-लिखा ज्ञानी व प्रभावशाली इंसान सत्संग में आता तो वे उससे पूछते, 'शादी हो गई?' अगर वह जवाब देता कि 'हाँ, मेरी शादी हो गई,' तो यह सुनकर रामकृष्ण अपने किसी शिष्य की ओर मुड़ते और कहते, 'देखो, इसकी भी शादी हो गई। अच्छा इंसान है, बहुत कुछ कर सकता था।' इसका अर्थ ही वे अप्रत्यक्ष रूप से यह कहा करते कि 'अब इस इंसान पर बहुत सारी ज़िम्मेदारियाँ आ गई हैं, अब इसे बहुत कुछ करना पड़ेगा, तभी इसका कुछ हो पाएगा।'

ऐसी कई छोटी-छोटी लेकिन उल्लेखनीय चीज़ें उनके साथ होती रहती थीं। उच्च चेतना के लोगों से वे कहते कि 'तुम्हारी पूँछ गल गई है।' इस बात का अर्थ यह था कि 'बड़े होते हुए मेंढक की पूँछ गलने के बाद वह पानी में भी रह सकता है और ज़मीन पर भी यानी अब तुम्हारे लिए आगे कोई ख़तरा नहीं है।' इस संदर्भ से वे उच्च चेतना के लोगों से कहते कि 'अब तुम माया में भी रह सकते हो और माया के बाहर भी रह सकते हो। अब तुम्हारी ऐसी अवस्था आ गई है।'

जब विवेकानन्द आए तो उनके लिए रामकृष्ण कहा करते थे, 'यह तो अपनी तलवार बाहर निकालकर घूम रहा है। इससे सावधान रहो, इसकी तलवार तो म्यान से बाहर आ गई है। ये तो नर के रूप में नारायण है।' इसी तरह अगर कोई शिष्य कुछ दिनों तक उपस्थित नहीं होता तो वे उसके बारे में पूछताछ करते कि 'वह कहाँ है, क्या कर रहा है, आया क्यों नहीं?' फिर उन्हें उस शिष्य के न आने का कारण बताया जाता।

कभी-कभी वे भजन के बीच में ही समाधि में चले जाते। जितनी देर तक वे समाधि में रहते, लोग आते-जाते रहते। कोई इंसान मिठाई वगैरह लाकर बाँटता तो कोई कुछ और करता, जबकि रामकृष्ण समाधि में बैठे रहते। उस समय सत्संग में इस तरह का वातावरण होता था और

बीच-बीच में ज्ञान की बातें भी हो जाती थीं।

वातावरण कैसा भी हो, जो इंसान स्वयं तैयार होता है, वह हर स्थिति में ज्ञान ग्रहण करके लाभ ले सकता है। लेकिन जो तैयार नहीं होता, वह सत्संग में आकर भी अनुमान लगाता रहता है कि 'यह सब क्या चल रहा है... हमें भी काम हैं... ये समाधि से कब उठेंगे... ज्ञान कब देंगे... हमें देर हो रही है... इससे अच्छा तो किसी और दिन आते तो बेहतर होता...'

अगर सत्संग में कोई नया इंसान आएगा तो वह ग़लत अनुमान ही लगाएगा। लोग भजन गाते हैं, ताली बजाते हैं यानी कुछ न कुछ ऊट-पटांग चलता रहता है और वे ऐसी बातों पर ख़ुश होते हैं, जिसमें ख़ुश होनेवाली कोई बात ही नहीं होती। जैसे अगर कोई सवाल पूछता है तो बाक़ी लोग हँस पड़ते हैं। जबकि इसमें हँसने जैसी कोई बात ही नहीं होती। इस प्रकार के अनोखे वातावरण में रामकृष्ण परमहंस का सत्संग होता था।

खण्ड 6

अंतिम समय में किए गए इशारे

30

बलराम भवन में रामकृष्ण

50 की उम्र में रामकृष्ण परमहंस को कुछ शारीरिक समस्याएँ होने लगीं। कभी-कभी उन्हें शरीर में इतनी जलन होती कि वे नदी के ठंडे पानी में बीचों-बीच जाकर खड़े हो जाते। यह देखकर शिष्यों ने उन्हें बर्फ़ का पानी पिलाना शुरू कर दिया, जिसे पीकर उन्हें काफ़ी राहत महसूस हुई। अब तक तो सारे घरेलू इलाज चल रहे थे। हर कोई आकर स्वास्थ्य संबंधी नई-नई सलाहें देता, जिन पर अमल किया जाता। रामकृष्ण परमहंस तो सदैव हर नए विचार को सीखने और उस पर अमल करने को लालायित रहा करते थे लेकिन ऐसे घरेलू नुस्खों से कोई फ़ायदा नहीं हो रहा था।

रामकृष्ण परमहंस की मुख्य समस्या गले से संबंधित थीं। शिष्यों ने देखा कि उनका रोग अधिक बढ़ रहा है तो उस पर गंभीर इलाज कराने के विकल्प पर विचार किया जाने लगा। इसके लिए उन्हें कोलकाता ले जाया गया, जहाँ एक भक्त के घर में उनके ठहरने का इंतज़ाम किया गया। उस भक्त का घर 'बलराम भवन' के नाम से जाना जाता था।

रामकृष्ण के कोलकाता जाने के बाद दक्षिणेश्वर मंदिर में नियमित रूप से आनेवाले कई भक्तों ने वहाँ आना बंद कर दिया। जब कोलकाता में लोगों को ख़बर मिली कि रामकृष्ण यहाँ ठहरे हुए हैं तो बलराम भवन में लोगों का आना-जाना बढ़ गया। रामकृष्ण को यहाँ इसलिए लाया गया था ताकि उन्हें किसी से बातचीत व सत्संग वगैरह न करना पड़े। जिससे उन्हें गले की तकलीफ़ में थोड़ा आराम मिलेगा लेकिन वहाँ भी

हर रोज़ ढेर सारे लोग उनके हालचाल पूछने के लिए आने लगे। यह सब देखकर रामकृष्ण माता से कहा करते, 'माँ यह कैसी भीड़ लगाकर रखी है आपने?'

रामकृष्ण परमहंस की बातों में दुनियादारी की मिलावट नहीं होती थी। वे जो भी बोलते, वह सीधे उनके अंदर से निकलता था। जिस तरह एक छोटा बच्चा अपनी माँ से बात करता है, वे भी काली माँ से वैसे ही बात करते थे। इसीलिए उनका कहना था, 'ये क्या भीड़ लगाकर रखी है आपने? एक तो पहले से ही मेरा ढोल फूटा हुआ है, ऊपर से दिनभर बजाऊँगा तो जो बाक़ी है, वह भी नहीं बचेगा।'

कुछ समय के बाद जब उनके सहयोगियों को इस समस्या का एहसास हुआ तो उन्होंने एक अन्य घर किराए पर ले लिया ताकि उन्हें थोड़ा आराम मिल सके।

अपने आख़िरी दिनों में रामकृष्ण लोगों से यह पूछ रहे थे कि 'यह प्राणवायु शरीर से कैसे निकलती है?' यानी वे अपनी मृत्यु से पहले भी यह सीखना चाहते थे कि मृत्यु कैसी होती है। यहाँ महत्त्वपूर्ण बात यह है कि ऐसे सवाल पूछकर वे अप्रत्यक्ष रूप से लोगों से मनन करवा रहे थे। उनके सवाल सुनकर कुछ क़रीबी शिष्य समझ जाते थे कि लोगों से यह सब पूछने के पीछे रामकृष्ण का मक़सद क्या है।

यहाँ तक कि जब कोई डॉक्टर उनकी जाँच करने आता तो वे उससे भी पूछते कि 'मैं ठीक तो हो जाऊँगा न? मुझे ईश्वर का गुणगान करना है। अच्छा बताओ, कैसे ठीक होगा यह रोग? कहीं यह कोई असाध्य रोग तो नहीं है? कहीं मेरी मृत्यु तो नहीं हो जाएगी?' ऐसे सवाल सुनकर डॉक्टर यही कहता कि 'फ़िक्र की बात नहीं है, आप ज़रूर ठीक हो जाएँगे।'

उस नए घर में जाने के बाद रामकृष्ण परमहंस को थोड़ी राहत मिली। हालाँकि यहाँ भी कई लोग उनसे मिलने आते रहते थे लेकिन पिछले घर के मुक़ाबले यहाँ आनेवालों की संख्या कम थी। इसलिए उन्हें गले की समस्या से थोड़ा आराम मिलने लगा। इस पूरी लीला में कुछ

और बातें भी हुईं। ये ऐसी बातें हैं, जो लोगों को उस वक़्त नहीं बल्कि बाद में ही समझ में आईं।

जैसे : जीज़स को सूली पर लटाकाया गया। आज संसार की जो भी अवस्था है, उसमें उस घटना ने बहुत महत्त्वपूर्ण भूमिका निभाई है। लेकिन इस बात को बाद में समझा गया। ऐसी बातें बाद में मनन करने पर ही समझ में आती हैं। रामकृष्ण परमहंस के गले का कैंसर, जीज़स को सूली पर लटकाने जैसा ही है। ये दोनों ही घटनाएँ लोगों के लिए निमित्त बनीं।

उन दिनों कोलकाता के लोग यह प्रार्थना करते रहते थे कि 'हमें भी रामकृष्ण परमहंस को सुनने का मौक़ा मिले।' ऐसी सामूहिक प्रार्थनाओं का भी अपना एक प्रभाव होता है, इसी वजह से गले में कैंसर होने के कारण रामकृष्ण परमहंस को कोलकाता आना पड़ा।

इससे समझें कि पूरे विश्व में जो बड़े-बड़े परिवर्तन आते हुए दिखाई देते हैं, वे लोगों की प्रार्थनाओं की वजह से ही संभव हो पाते हैं। हालाँकि शुरुआत में लोग उस परिवर्तन को स्वीकार नहीं करते और सोचते हैं कि 'अरे ऐसा तो नहीं होना चाहिए।' लेकिन जब उनके सामने वह पूरा दृश्य स्पष्ट होता है, तब पता चलता है कि ऐसा होने के पीछे कुछ लोगों की प्रार्थनाओं की भूमिका थी इसीलिए यह सब हुआ। ऐसे भी कई लोग होते हैं, जो प्रार्थना तो करते रहते हैं लेकिन जहाँ बदलाव होनेवाला होता है, तब वे किसी न किसी कारण से वहाँ तक की यात्रा नहीं कर पाते। रामकृष्ण के जीवन में ऐसे कई लोग थे, उनकी प्रार्थनाओं का ही असर था, जो रामकृष्ण को कोलकाता आना पड़ा।

क़रीबी लोगों की सलाह

रामकृष्ण परमहंस को जो लोग अच्छी तरह से जानते थे, वे उनसे कहा करते थे कि 'आप माता से क्यों नहीं कहते कि वे आपको ठीक कर दें?' इस पर रामकृष्ण कहा करते कि 'हाँ, मैं भी माता को अपने शरीर की इस व्याधि के बारे में बताना चाहता हूँ लेकिन जब भी मैं उन्हें बताने के लिए अपने शरीर का अवलोकन करता हूँ तो मुझे यह खोखला मिलता

है। ऐसा लगता है, जैसे मेरे शरीर के अंदर कुछ है ही नहीं, एकदम ख़ाली है और ख़ाली शरीर के लिए भला कौन प्रार्थना करता है?'

बीमारी ठीक करने के सवाल पर उनका यह सीधा-सरल जवाब दरअसल यह इशारा करता है कि **'इंसान का शरीर वैसा ही है, जैसे किसी तकिए का कवर। इस कवर के अंदर जो तकिया है, वह सभी में एक जैसा है, बस कवर अलग-अलग होता है।'** इसीलिए जब भी वे शरीर को देखते तो उन्हें ख़ाली कवर नज़र आता, तकिया नहीं और इसीलिए उनसे शरीर के स्वास्थ्य के लिए प्रार्थना नहीं हो पाती थी।

एक बार एक किशोर भक्त ने उनसे कहा कि 'आपको खुद ही अपने शरीर को स्वस्थ कर लेना चाहिए क्योंकि आप अपनी इच्छाशक्ति से ऐसा कर सकते हैं।' यह सुनकर उन्होंने कहा, 'क्या तुम वाक़ई सच कह रहे हो? ज़रा अपने दिल पर हाथ रखकर कहो कि तुम्हें वाक़ई ऐसा लगता है कि मैं अपनी इच्छाशक्ति से खुद को स्वस्थ कर सकता हूँ?' उस किशोर भक्त ने दिल पर हाथ रखकर कहा, 'हाँ, मुझे ऐसा लगता है।' इस पर रामकृष्ण ने कहा कि 'लेकिन इस सृष्टि में जो चीज़ पैदा होती है, उसका विनाश होना भी ज़रूरी है। इसलिए इस हाड़-माँस के शरीर से तुम यह अनुरोध मत करो और यह प्रतिज्ञा करो कि आज के बाद तुम ऐसा कभी नहीं पूछोगे (माँग रखोगे)।'

रामकृष्ण चाहते थे कि उनके शरीर को जितना भी समय मिला है, उसका ज़्यादा से ज़्यादा उपयोग हो। उनके गले की तकलीफ़ से उनके पास आनेवाले लोगों को अप्रत्यक्ष रूप से बहुत कुछ सीखने को मिल रहा था। क्योंकि वे उनके अलग-अलग सवालों के जो जवाब देते थे, उन जवाबों में कई संकेत छिपे होते थे।

31

डॉक्टर सरकार का इलाज

रामकृष्ण के इलाज के लिए किसी एलोपैथिक डॉक्टर को नहीं बल्कि एक होम्योपैथी डॉक्टर को नियुक्त किया गया था क्योंकि उन्हें एलौपैथी की ज़रा सी भी दवा सहन नहीं होती थी। उनके होम्योपैथी डॉक्टर का नाम था - महेन्द्र लाल सरकार। वे जब भी रामकृष्ण की जाँच के लिए आते तो वहाँ मौजूद सारे शिष्यों व अन्य लोगों की हरकतें भी देखते थे। रामकृष्ण की देखभाल के लिए वहाँ उनके शिष्यों के अलावा कई भक्त भी होते थे, जो बारी-बारी से उनकी देखभाल करने की अपनी ज़िम्मेदारी पूरी करते थे। कोई चार घंटे की ड्यूटी करता था तो कोई पाँच घंटे की। यानी वे सब अपनी-अपनी भूमिका (सेवा) निभा रहे थे।

उन दिनों एक बड़ी बात हुई। वहाँ जितने भी लोग ऐसे थे, जो बाद में रामकृष्ण मिशन चलानेवाले थे, उन सब लोगों को रामकृष्ण की सेवा करने के बहाने इकट्ठा रहने का और एक-दूसरे को जानने का मौक़ा मिला। जिससे हर किसी की अपनी-अपनी व्यक्तिगत विशेषताएँ सामने आईं, जैसे प्रबंधन करने की विशेषता या अगुवाई करने या हिसाब-किताब रखने की विशेषता। इसी की वजह से रामकृष्ण मिशन से जुड़े आगे के कार्य संभव हो पाए। इस घटना के माध्यम से आप देख सकते हैं कि किसी महान लक्ष्य से जुड़े निमित्त कैसे एक जगह इकट्ठा होकर वहाँ की ज़िम्मेदारी को अपने कंधों पर ले लेते हैं।

रामकृष्ण परमहंस जिस मकान में रहते थे, उसका किराया उनके शिष्य और भक्त आपस में बराबर-बराबर राशि का योगदान देकर भरते

थे। डॉक्टर सरकार आकर यह सब देखते थे। उन्हें एहसास था कि सारे लोग रामकृष्ण परमहंस को बहुत सम्मान देते हैं। हालाँकि कभी-कभी डॉक्टर सरकार को यह भी लगता था कि 'क्या वाक़ई रामकृष्ण के लिए इतना कुछ करने की ज़रूरत है?' लेकिन जैसे-जैसे रामकृष्ण से उनकी बातचीत हुई, उन्हें समझ में आने लगा कि उनके शिष्य व भक्त उनके लिए इतना समर्पण भाव क्यों रखते हैं।

डॉक्टर सरकार की जिज्ञासाएँ

इसके बाद डॉक्टर सरकार ने रामकृष्ण परमहंस के सामने अपनी जिज्ञासाएँ रखनी शुरू कीं और उन्हें स्वयं जितना ज्ञान था, उसके हिसाब से वे रामकृष्ण से सवाल पूछते जाते थे। इस तरह वे रामकृष्ण के मन को समझने की कोशिश में लगे हुए थे। जबकि रामकृष्ण किसी बच्चे की तरह अपनी मौज में जवाब देते रहते। जब दोनों की चर्चा होती तो वे रामकृष्ण से नए-नए विषयों पर बात करते, जैसे ज्ञान मिलने पर, ईश्वर दर्शन होने पर और निर्विकल्प समाधि में जाने पर क्या होता है? और रामकृष्ण उनके इन सवालों का जवाब देते जाते। कुछ ही दिनों में यह स्थिति आ गई कि डॉक्टर सरकार पंद्रह मिनट के लिए आते और फिर दो-तीन घंटे रुकने के बाद ही जाते। क्योंकि धीरे-धीरे उन दोनों के बीच विस्तार से चर्चाएँ होने लगीं और डॉक्टर सरकार को उन चर्चाओं में आनंद आने लगा।

एक बार डॉक्टर सरकार ने उनसे पूछा, 'आप कहते हैं कि निर्विचार अवस्था आती है लेकिन आप स्वयं तो कभी मौन बैठ ही नहीं पाते। ऐसा क्यों होता है?' इस पर रामकृष्ण ने जवाब दिया, 'पानी हमेशा पानी ही रहता है। वह तेज़ धार में बह रहा हो, शांत बह रहा हो या उसमें तरंग हो लेकिन वह हमेशा पानी ही रहता है।' यह सुनकर डॉक्टर सरकार ने कहा कि 'अगर ऐसा ही है तो फिर आप अपनी बीमारी की चिंता क्यों करते हैं?' इस पर रामकृष्ण ने कहा, 'जब तक मटका है, तब तक यह चलती रहेगी।'

हालाँकि कई बार डॉक्टर सरकार उनकी बातें समझ नहीं पाते क्योंकि इंसान हमेशा तर्कपूर्ण बातें सुनना चाहता है। इसीलिए डॉक्टर को लगता था कि 'जब रामकृष्ण कहते हैं कि मैं शरीर नहीं हूँ तो फिर उन्हें शरीर की बीमारी की बात भी नहीं करनी चाहिए।' साधारण आदमी इसी तरह सोचता है। उसे लगता है कि ज्ञान की बातें करनेवाले इंसान को फलाँ-फलाँ क़िस्म की बातें नहीं कहनी चाहिए, जबकि रामकृष्ण परमहंस ऐसे सांसारिक तर्कों में पड़ते ही नहीं थे। उन्हें तो जो लगता था, वे जस का तस कह देते थे और अगर उनके मन में कोई प्रश्न उठता तो वे फ़ौरन उसे डॉक्टर सरकार से पूछ लेते।

उन दोनों के बीच ऐसी चर्चा लगातार चलती रहती थी। रामकृष्ण परमहंस जब मौन में या समाधि में होते थे तो वैसे ही होते थे, जैसे भगवान रमण होते थे। जब वे बातचीत करते थे तो मस्त मौला रहते थे लेकिन जब मौन में होते तो महर्षि हो जाते थे। लेकिन रामकृष्ण परमहंस की कुछ-कुछ बातें डॉक्टर सरकार की समझ से परे थीं। डॉक्टर सरकार तो इस बुद्धि से देखते थे कि अगर कोई इंसान फलाँ-फलाँ क़िस्म की चीज़ें कर रहा है तो इसका अर्थ है कि वह मरीज़ है और उसे कोई बीमारी है। यानी वह इंसान को पहले ही मरीज़ के रूप में देखते थे और उन्हें लगता था कि 'उसे मेरी ज़रूरत है, मुझे उसकी नहीं।' इसीलिए डॉक्टर शंकाएँ करते रहते और ऐसे सवाल पूछते रहते थे। फिर धीरे-धीरे उन्हें रामकृष्ण पसंद आने लगे और यह एहसास हो गया कि उनमें कोई तो ऐसी बात है, जो मुझे समझ में नहीं आ रही है।

दूसरी ओर रामकृष्ण परमहंस उनसे ख़ूब बातें करते थे और उन्हें बार-बार धन्यवाद देते रहते थे कि 'आपने मेरे लिए इतना समय निकाला और यहाँ आए।' इस पर डॉक्टर सरकार कहते कि 'इसमें मेरा भी स्वार्थ है, मुझे यहाँ नई-नई बातें सुनने को मिलती हैं इसीलिए मैं यहाँ आता हूँ।' इसके साथ ही वे रामकृष्ण परमहंस से कहा करते कि 'अगर आपको स्वस्थ होना है तो आप मेरे अलावा किसी और से बातें मत किया करो।' जब कभी डॉक्टर सरकार दो-तीन घंटों तक रामकृष्ण के साथ बैठे रहते

तो उनसे माफ़ी भी माँगते रहते कि 'आज मैंने आपसे कुछ ज़्यादा ही बुलवा दिया।' यानी वे रामकृष्ण से जो चीज़ें न करने को कहते, जब रामकृष्ण उन्हीं के कारण वह सब करते तो वे उनसे माफ़ी माँग लेते।

विवेकानन्द के भजन का असर

रामकृष्ण परमहंस अकसर अपने प्रिय शिष्य विवेकानन्द से भजन सुना करते थे क्योंकि उनका सुर बहुत अच्छा था। एक बार रामकृष्ण ने उनसे भजन सुनाने को कहा तो विवेकानन्द ने गाना शुरू किया, जिसके बोल कुछ इस तरह थे, 'माँ अपनी भक्ति में मुझे पागल करने के लिए धन्यवाद...' वहाँ बैठे सारे लोगों को विवेकानन्द का यह भजन इतना पसंद आया कि धीरे-धीरे सब लोग नाचने-झूमने लगे। केवल रामकृष्ण परमहंस के डॉक्टर सरकार ही नहीं झूम रहे थे।

डॉक्टर सरकार की आज्ञा

डॉक्टर सरकार ने अलग से शिष्यों से बातचीत करते हुए कहा, 'आप लोगों ने बेवजह ही एक अच्छे इंसान को बिगाड़कर रखा हुआ है। सबसे पहले तो आप लोग उनके पैर छूना बंद करें और आपने उन्हें भगवान का दर्जा दे रखा है, उसे भी बंद करें। यही सब करके आप लोगों ने उन्हें बिगाड़ दिया है। आपको ऐसा नहीं करना चाहिए।' शिष्यों के साथ-साथ वे रामकृष्ण से भी कहते कि 'आप इन लोगों को पैर छूने से रोकते नहीं हैं इसीलिए ये लोग यह सब करते हैं, जबकि ऐसा नहीं होना चाहिए।'

ये सब बातें होने के बाद फिर जब भी कभी कोई शिष्य उनसे मिलने आता और पैर छूता तो रामकृष्ण परमहंस अपने पैर उसके सामने से हटा लेते। यह देखकर सामनेवाला चौंक जाता क्योंकि इसके पहले तो ऐसा कभी नहीं हुआ था। जब वह शिष्य पूछता कि 'आप ऐसा क्यों कर रहे है?' तो रामकृष्ण कहते, 'डॉक्टर ने मना किया है।' मानो यह बीमारी ठीक करने के लिए ज़रूरी कोई परहेज़ हो। अगर कभी डॉक्टर की उपस्थिति में कोई शिष्य आता और उनके पैर छूना चाहता तो उसे वे दूर

से ही इशारा कर देते कि 'अभी डॉक्टर देख रहा है, अभी कुछ मत करो।' हालाँकि उनकी इन बालसुलभ हरकतों को डॉक्टर सरकार बख़ूबी समझते थे इसीलिए एक बार उन्होंने खीझकर रामकृष्ण से कह दिया कि 'आपको जो करना है करें, बस मेरा नाम बीच में न लाएँ।' यह सुनकर रामकृष्ण परमहंस ने अपने शिष्यों से कहा, 'देखो, डॉक्टर साहब नरम हो रहे हैं।'

डॉक्टर सरकार का मत परिवर्तन

धीरे-धीरे रामकृष्ण परमहंस के सान्निध्य में डॉक्टर सरकार में भी बदलाव आने लगा और उन्हें समझ में आ गया कि रामकृष्ण परमहंस को देखकर चाहे जैसा लगे लेकिन उनमें कोई पागलपन नहीं है। क्योंकि जब डॉक्टर को उनकी समाधि का अनुभव पता चला, जब उन्होंने उनके शिष्यों को जाना तो उन्हें समझ में आया कि 'रामकृष्ण ने कुछ ऐसा विशेष पा लिया है, जो मेरी समझ से परे है, उसी की वजह से वे यह सब करते हैं।'

एक बार डॉक्टर सरकार ने रामकृष्ण के दो शिष्यों, निरंजन और गिरीश से कहा था कि 'रामकृष्ण को बेवजह सिर पर मत बिठाओ।' यह सुनकर उन दोनों ने जवाब दिया कि 'रामकृष्ण परमहंस ने हमें संसार समुंदर और शंका सागर से मुक्त किया है इसलिए हमें उनकी कोई भी बात ग़लत नहीं लगती, वे उलटी बात भी करेंगे तो वह भी हमें बुरी नहीं सही लगेगी।'

इस तरह की घटनाओं से डॉक्टर सरकार को समझ में आने लगा था कि ये लोग रामकृष्ण परमहंस के कारण कुछ चीज़ों से मुक्त हुए हैं, जिसके कारण वे इतने दावे से यह सब कह पा रहे हैं। इसके बाद वे थोड़ा नर्म पड़ गए। इसी के बाद वे इस बात को लेकर भी राज़ी हो गए कि रामकृष्ण को ठीक करने के लिए अन्य डॉक्टर्स की और होम्योपैथी के अलावा अन्य चिकित्सा पद्धतियों की मदद लेकर भी देखा जाना चाहिए। इसलिए होम्योपैथी के कुछ अन्य डॉक्टर्स को व आयुर्वेद वगैरह के डॉक्टर्स को भी बुलाया गया। क्योंकि धीरे-धीरे दिन बीतते जा रहे थे और इलाज का सकारात्मक परिणाम नहीं आ रहा था, कभी उनकी

खाँसी बढ़ जाती तो कभी ख़ून की उल्टियाँ आने लगीं इसीलिए नए डॉक्टर्स की सलाह लेना ज़रूरी हो गया था।

32

बीमारी द्वारा किया गया इशारा

इसके बाद रामकृष्ण परमहंस की बीमारी का इलाज कराने के लिए आयुर्वेद के एक डॉक्टर को बुलाया गया। उस डॉक्टर से भी रामकृष्ण यही कहते कि 'मुझे तो ईश्वर का गुणगान करना है, क्या मेरा रोग ठीक होगा या मैं यूँ ही पड़ा रहूँगा और सराहना नहीं कर पाऊँगा?' इस पर आयुर्वेद के डॉक्टर यही जवाब देते कि 'हाँ, सब ठीक हो जाएगा।'

रामकृष्ण के एक शिष्य हुआ करते थे, जिन्हें सब मास्टर महाशय नाम से पुकारते थे। जब रामकृष्ण डॉक्टर से ऐसे सवाल पूछते तो मास्टर महाशय को बड़ा आनंद आता क्योंकि वे जानते थे कि ऐसे सवाल पूछकर रामकृष्ण वास्तव में लोगों को अप्रत्यक्ष रूप से यह संकेत दे रहे हैं कि उन्हें क्या करना चाहिए। दरअसल रामकृष्ण ऐसे सवाल पूछकर सामनेवाले की क्लास लिया करते थे। जैसे : कभी-कभी जब कोई ऐसा ज्ञानी शिष्य रामकृष्ण से मिलने आता, जो बहुत दिन बाद आया हो तो रामकृष्ण उससे ख़ूब बातें करते, तरह-तरह के सवाल पूछते और मास्टर महाशय इसका भरपूर आनंद लेते कि 'चलो इसकी क्लास चल रही है।'

एक बार रामकृष्ण के पास कैप्टन विश्वनाथ नाम का एक शिष्य आया। रामकृष्ण परमहंस ने पूछा कि 'बड़े दिनों बाद आए, कहाँ थे इतने दिन, क्या हुआ था?' इस पर उसने जवाब दिया, 'दरअसल मैं बीमार हो गया था इसीलिए अब तक आपसे मिलने नहीं आ पाया।' यह सुनकर

रामकृष्ण ने कहा, 'तुम बीमार कैसे हो गए? मैंने तो सुना है, सिर्फ़ अनाचारी और बुरे कर्म करनेवाले लोग ही बीमार होते हैं। मुझे देखो, ये गले का रोग हो गया है। निश्चित ही मैंने अनाचार किया होगा, तभी ऐसा हुआ लेकिन तुम तो अच्छे इंसान हो तो फिर तुम कैसे बीमार पड़ गए?' उन्होंने आगे कहा, 'मैं समाधि में लोगों को पाँव मार देता हूँ, सिर पर फूल रखकर पूजा करता हूँ, मैंने जनेऊ उतारकर रख दिया, अल्लाह-अल्लाह करता रहा, लोग तो यहाँ तक कहते हैं कि मैंने अपनी धर्मपत्नी को विधवा बनाकर रखा है, शायद इन्हीं सब अनाचारों के कारण मुझे यह रोग हो गया है।' उन पर जो भी लाँछन लग सकते थे, उनका ज़िक्र उन्होंने ख़ुद ही कर दिया।

रामकृष्ण की ये सब बातें सुनकर उस शिष्य ने कहा, 'इसीलिए तो मैं जल्दी ठीक हो गया।' यानी वह अप्रत्यक्ष रूप से कह रहा था कि 'मैं अच्छा इंसान हूँ इसलिए मैं जल्दी ठीक हो गया।' यह सुनते ही रामकृष्ण ने उससे पूछा, 'तो फिर मैं क्यों नहीं ठीक हो रहा हूँ?' इस पर उस शिष्य ने जवाब दिया, 'इसमें आपका कोई दोष नहीं है। आपका मन तो शुद्ध है। यह व्याधि सिर्फ़ आपके शरीर में है इसलिए आपको स्वयं को ग़लत नहीं मानना चाहिए।' गुरु-शिष्य की इन बातों को सुनकर कमरे में मौजूद मास्टर महाशय भरपूर आनंद ले रहे थे।

इस घटना से समझदार लोगों को समझ में आएगा कि रामकृष्ण किस ओर इशारा कर रहे थे और सामनेवाले से क्या खोज करवा रहे थे। अगर लोग ऐसे इशारों को नहीं समझेंगे तो इसी भ्रम में उलझे रहेंगे कि 'मैं तो इससे बेहतर हूँ।' बाद में जब वे मनन करते हुए स्वयं से यह सवाल पूछेंगे कि 'ऐसे सवाल मुझसे ही क्यों किए गए, इनके पीछे क्या इशारा था' तभी वे इस बात का मर्म समझ पाएँगे।

33

अंतिम समय पर दिया गया मार्गदर्शन

रामकृष्ण परमहंस की बीमारी के समय में कई सारे शिष्य दिन-रात उनकी सेवा में लगे रहते थे। विवेकानन्द उनकी साफ़-सफ़ाई का पूरा ध्यान रखते थे, उन्हें अपने घर-परिवार, भोजन आदि की ज़रा भी चिंता नहीं रहती थी। वे तो बस अपने गुरु की सेवा में पूरे ध्यान व समर्पण भाव से जुटे हुए थे। उन दिनों विवेकानन्द ऐसे युवा शिष्यों को सँभालते थे, जिनके घरवाले इस बात से परेशान रहते थे कि 'अगर उनके बच्चे हर समय रामकृष्ण के पास बैठेंगे तो उनके अपने घरों के काम कैसे होंगे?' विवेकानन्द को यह ज़िम्मेदारी इसलिए दी गई क्योंकि उनमें अगुवाई करने की क्षमता (लीडरशिप की कला) थी। यह विवेकानन्द का ही विचार था कि सारे शिष्य रामकृष्ण की सेवा में एक साथ उपस्थित रहने के बजाय, अलग-अलग पाली (दिए गए समय) में आएँ, इससे सेवा भी हो जाएगी और शिष्यों को अपने-अपने घर की ज़िम्मेदारियाँ पूरी करने के लिए पर्याप्त समय भी मिल जाएगा। जिस तरह से विवेकानन्द यह सब सँभाल रहे थे, रामकृष्ण बारीकी से उसका अवलोकन कर रहे थे। वे देख पा रहे थे कि विवेकानन्द कितने गुणी हैं। यही वजह थी कि अपने देहान्त के पहले रामकृष्ण ने विवेकानन्द को सारे शिष्यों की ज़िम्मेदारी देते हुए कहा कि 'मेरे बाद तुम ही इन्हें सँभालोगे।'

उस समय रामकृष्ण का इलाज कई डॉक्टर कर रहे थे। किसी के इलाज से फ़ायदा हो रहा था तो किसी के इलाज से नहीं। उन डॉक्टर्स में

से कई रामकृष्ण के पुराने शिष्य भी थे। वे जब रामकृष्ण को देखने आते तो सवाल पूछते कि 'आपको कैसा लग रहा है, भावना कैसी है?' इस पर रामकृष्ण अपने अनुभव का उदाहरण देने लगते।

साधु महाराज का उदाहरण

दरअसल एक बार दक्षिणेश्वर मंदिर के बगल में एक साधु महाराज आए हुए थे और कुछ लोगों ने उन्हें किसी बात पर पीट दिया था। तो रामकृष्ण इसे उदाहरण के रूप में बताते कि जब साधु महाराज को उनके कुछ दोस्त बचाकर लाए और उन्हें होश आया तो उन्हें दूध पिलाया गया और पूछा गया कि 'क्या आप हमें पहचान पा रहे हो?' इस पर साधु का जवाब था कि 'मुझे जिन्होंने मारा, वही मुझे दूध पिला रहे हैं?' यानी जिसने मुझे मारा, वही मुझे ठीक कर रहा है।

ऐसे उदाहरण से आपको दोनों पार्ट समझ में आएँगे। **कुछ लोग, जो आपके साथ बुरा कर रहे हैं और जो आपके साथ अच्छा कर रहे हैं, वे दोनों एक ही ईश्वरीय शक्ति हैं। ऐसी शक्ति जो आपको मारती भी है और बचाती भी है।** आप जो भी दे रहे हैं, उसी को दे रहे हैं और जो भी ले रहे हैं, उसी से ले रहे हैं। यह एकात्मता रामकृष्ण परमहंस में बहुत गहराई तक बसी हुई थी इसलिए वे हर चीज़ को उसी के अनुसार देख रहे थे।

साधु महाराज के अलावा रामकृष्ण ने एक और उदाहरण दिया। उन्होंने कहा कि 'कच्चे नारियल को तोड़ने पर उसके बाहरी खोल के साथ-साथ अंदर का मुलायम हिस्सा भी टूट जाता है। लेकिन जब नारियल अंदर से सूख जाता है तो उसे तोड़ने पर सिर्फ़ उसका बाहरी खोल टूटता है, अंदर की चीज़ नहीं टूटती। यानी बाहरी खोल टूटने से अंदर कोई बदलाव नहीं आता।' उनकी इस बात का अर्थ यह था कि 'शरीर में व्याधि होने से मुझे कोई फ़र्क़ नहीं पड़ रहा है। जीज़स भी ऐसा ही नारियल थे।'

हास्य और गंभीरता से किए गए इशारे

इस तरह की अनोखी कहानियों के अलावा कभी-कभी रामकृष्ण चुटकुले भी सुनाया करते। जैसे : जब वे किसी को परेशान या उदास देखते तो कहते कि 'एक गुमसुम इंसान माँ काली की मूर्ति के सामने बैठा था। तभी उसका दोस्त आया और पूछने लगा कि क्या बात है, माँ ठीक तो है, माँ को कुछ हुआ तो नहीं?' ऐसी बातें सुनकर उस उदास इंसान को हँसी आ जाती। फिर रामकृष्ण कहते कि 'जो भी हो, चाहे जैसी अवस्था हो लेकिन अगर माँ ठीक है तो सब ठीक है।'

रामकृष्ण इसी तरह कभी हास्य तो कभी गंभीरता से लोगों को संकेत देते रहते थे, ताकि लोग यह सीख सकें कि इंसान को खोज या खुदाई कैसे करनी है व ज्ञान और विश्वास क्या है। सबसे पहले यह विश्वास रखना ज़रूरी है कि 'तुम्हारे अंदर ख़ज़ाना है।' इंसान उसी जगह खुदाई करता है, जहाँ उसे ख़ज़ाना होने का अंदाज़ा होता है। जब उसे विश्वास होगा कि फलाँ जगह पर ख़ज़ाना है, तभी वह फावड़ा लेकर वहाँ जाएगा। कर्म मार्ग का अर्थ ही है खुदाई करना, फावड़ा चलाना। जब फावड़ा उस कलश से टकराता है, जिसमें ख़ज़ाना है तो 'टन्न' ऐसी आवाज़ आती है। यह आवाज़ ही आनंद है, जहाँ इंसान को समझ में आता है कि 'हाँ, कहीं तो पहुँचा मैं, खज़ाने के नज़दीक आ गया हूँ।' इसी से आनंद प्राप्त होता है। इस तरह की चीज़ों से रामकृष्ण परमहंस विश्वास, ज्ञान, कर्म, सत-चित-आनंद की ओर इशारा कर रहे थे।

रामकृष्ण को जिस मकान में इलाज के लिए ठहराया गया था, उसके मकान मालिक ने कुछ दिनों बाद मकान ख़ाली करने के लिए कहना शुरू कर दिया। आम तौर पर लोग महान आत्माओं के बारे में सुनते वक़्त सोचते हैं कि उनके जीवन में कोई ख़ास परेशानी नहीं आई होगी। जबकि वास्तविकता इससे बिलकुल अलग ही होती है। रामकृष्ण के बारे में भी आप इस ग़लतफ़हमी में न रहें और यह न सोचें कि वे जहाँ भी जाते थे, वहाँ सब लोग उन्हें पहचानते थे और उनके लिए सब कुछ करने को तैयार रहते थे। कोई भी दौर हो, लोग तो हमेशा अपने लाभ

और लालच के अनुसार ही निर्णय लेते हैं। उस समय भी यही हो रहा था।

आख़िरकार मकान मालिक के बार-बार कहने के कारण उन्हें मकान ख़ाली करना पड़ा। इसके बाद वे एक तीसरे मकान में किराए पर रहने गए। जहाँ उनकी पत्नी शारदा देवी भी आ गईं। रामकृष्ण ने अपना आख़िरी समय इसी मकान में गुज़ारा। यहाँ उन्होंने अपनी पत्नी से कहा कि 'तुम्हें चिंता करने की ज़रूरत नहीं है, जिस तरह ये लोग मेरा ख़याल रख रहे हैं, उस तरह मेरे जाने के बाद वे तुम्हारा ख़याल भी रखेंगे।'

माता से प्रार्थना

अपने आख़िरी दिनों में रामकृष्ण ने जो वार्तालाप किया, उसी का परिणाम था कि उनके बाद भी सेवा का कार्य जारी रहा। रामकृष्ण अपनी पत्नी से कहा करते थे कि 'मुझे यहाँ कितनी बक-बक करनी पड़ती है, लोग आकर बार-बार वही सवाल पूछते हैं। एक ही बात बार-बार बतानी पड़ती है।' वे माता से कहा करते कि 'मेरे शिष्यों निरंजन और रामदत्त वगैरह को थोड़ी शक्ति दो, ताकि ये भी ज़िम्मेदारी सँभाल सकें और लोगों के कुछ सवालों के जवाब स्वयं भी दे पाएँ। इन्हें शक्ति दो, ताकि ये यहाँ आनेवाले नए-नए लोगों के साथ बातचीत करके उनकी समस्याओं का समाधान कर सकें, फिर आख़िर में मैं भी उनके एक-दो सवालों का जवाब देकर उनकी समस्या का समाधान कर दिया करूँगा।' रामकृष्ण इन लोगों को इसलिए यह ज़िम्मेदारी देना चाहते थे क्योंकि वे देख रहे थे कि ये लोग यहाँ का सारा काम सँभाल रहे हैं और इनमें ज़िम्मेदारी निभाने की क्षमता है।

रामकृष्ण जानते थे कि अलग-अलग लोगों को अलग-अलग तरीक़े से समझाना पड़ता है। चूँकि लोग बार-बार आकर एक ही तरह के सवाल करते थे इसलिए कभी-कभी रामकृष्ण माता से कहते 'यह सब कब तक चलता रहेगा, अब तो कोई परिवर्तन आना चाहिए।' इससे आप समझ सकते हैं कि ऐसी प्रत्यक्ष और अप्रत्यक्ष प्रार्थनाएँ कैसे होती हैं, जिनसे स्थितियाँ बदलती हैं और नई विकसित अवस्था आती है।

34

रामकृष्ण परमहंस का अंतिम समय

रामकृष्ण परमहंस के शरीर की स्थिति भी धीरे-धीरे बदल रही थी। वे लोगों को संकेत दे रहे थे कि अब उनके शरीर का आख़िरी समय चल रहा है। वे कहते थे कि 'मेरे कलश के दो-तिहाई हिस्से में पानी भर चुका है और बाक़ी का हिस्सा कभी भी भर सकता है।'

जिस तरह जीज़स के जीवन में उनके माता-पिता का भरपूर योगदान था, उसी तरह रामकृष्ण परमहंस के जीवन में माता-पिता का योगदान था। जीज़स को क्रॉस पर चढ़ाया गया था और रामकृष्ण परमहंस को कैंसर हुआ था यानी दोनों के जीवन में क्रॉस और कैंसर निमित्त बने। ऐसे महापुरुषों के लिए तो अपने जीवन की हर घटना लीला का एक भाग है और सीखने का मौक़ा है। जिनके सामने आंतरिक अर्थ स्पष्ट होता है, उनके लिए कोई दुःख नहीं होता। शरीर में दर्द होता है लेकिन उसका दुःख नहीं होता। रामकृष्ण परमहंस अपने गले के कैंसर को निमित्त के रूप में ही देखते थे।

उनके अंतिम दिनों में नरेन्द्र ने उनकी बहुत सेवा की थी। रामकृष्ण परमहंस ने उसे और अपने अन्य शिष्यों को अंतिम निर्देश देते हुए कहा, 'अब मैं बहुत दिनों तक तुम्हारे साथ नहीं रहूँगा लेकिन मैं चाहता हूँ कि मेरा यह शरीर त्यागने के पश्चात् भी तुम लोग एक साथ ही रहो। हालाँकि एक ही उम्र के इतने सारे लोगों का एक साथ रहना सरल नहीं होता क्योंकि कभी-कभी उनमें मतभेद भी हो सकते हैं। इसलिए मैं तुम सभी

को यह आदेश देता हूँ कि तुम लोग सदा नरेन्द्र की आज्ञा मानोगे, उसका साथ दोगे और उसे कभी भी, किसी भी परिस्थिति में नहीं त्यागोगे। तुममें से किसी को कोई आपत्ति तो नहीं है न?'

आगे रामकृष्ण परमहंस ने नरेन्द्र से कहा, 'मैं अपने इन पुत्रों को तुम्हारे संरक्षण में छोड़कर जा रहा हूँ। इनका ध्यान रखना। ऐसा न हो कि मेरे बाद ये लोग अपनी साधना छोड़ अंधकार भरे संसार में चले जाएँ। इनकी साधना चलती रहे, यह तुम्हारी ज़िम्मेदारी है।'

रामकृष्ण परमहंस ने न अपने आँसू छिपाए, न अपना भाव। नरेन्द्र के पूछने पर उन्होंने कहा, 'नरेन्द्र, आज मैंने अपना सर्वस्व तुम्हें सौंप दिया है। जो माँ इस शरीर में निवास करती थी, वे आज से तुझमें निवास करेंगी। सब कुछ तुम्हें देकर मैं तो फ़कीर हो गया रे!' उस समय नरेन्द्र के मुँह से एक भी शब्द नहीं निकल पाया। वे धन्यवाद और आश्चर्य के भाव से अपने गुरु को देखते रहे।

धीरे-धीरे रामकृष्ण परमहंस के शरीर की हालत बिगड़ती गई। उन्हें ख़ून की उल्टियाँ आने लगीं। आख़िरकार 15 अगस्त 1886 के दिन उनका देहान्त (देह का अंत) हो गया। मृत्यु के पहले कोई उनसे मिलने आया था, जिसके साथ उन्होंने क़रीब दो घंटे तक चर्चा की, मानो वह उनका अंतिम सत्संग हो।

इस चर्चा के बाद शरीर की तबीयत और ख़राब हो गई। कुछ देर बाद वे बेहोश हो गए। उनके शिष्यों ने जब उन्हें बेहोश देखा तो उन्हें लगा कि रामकृष्ण का देहान्त हो गया है। लेकिन कुछ ही देर बाद उन्हें होश आ गया और शिष्यों को अपनी भूल का एहसास हुआ।

फिर कुछ देर बाद जब सचमुच उनका देहान्त हो गया तब उन्हें देखकर शिष्यों को लगा कि वे समाधि में चले गए हैं। इसलिए काफ़ी देर तक उनके उठने का इंतज़ार होता रहा और इस दौरान सब मिलकर भजन-कीर्तन करते रहे। बहुत देर होने के बाद भी जब वे नहीं उठे तो डॉक्टर को बुलाया गया, जिसने जाँच के बाद बताया कि उनकी देह का अंत हो गया है। इसके बाद भजन-कीर्तन के साथ उनके शरीर को

श्मशान ले जाया गया और मुखाग्नि दे दी गई। उनके अंतिम संस्कार में जो भी लोग एकत्र हुए थे, उन सभी ने उनकी चिता की राख को चाटकर प्रण किया कि उनके शुरू किए गए सारे कार्य जारी रखे जाएँगे और मिलकर पूरे किए जाएँगे।

अगले दिन शारदा माँ ने बताया कि रात में रामकृष्ण परमहंस उनके सपने में आए थे और कह रहे थे कि 'तुम्हें अपने कंगन उतारने की ज़रूरत नहीं है। मैं कहीं गया नहीं हूँ, यहीं हूँ, बस एक कमरे से दूसरे कमरे में आ गया हूँ।' यह सुनकर सब उत्साह से भर गए और एक बार फिर सबने तय किया कि 'उनके दिखाए मार्ग पर चलते हुए जागृति के सारे कार्य आगे बढ़ाए जाएँगे।'

35

हंस चेतना से निकली मोतियों की चमक

1. सत्-चित-आनंद के पेड़ पर अनेक राम और अनेक कृष्ण मौजूद हैं। उनमें से दो-चार भी पृथ्वी पर आते हैं तो आध्यात्मिक क्रांति होती है।
2. 'भक्त के लिए भक्ति और सराहना खुजली की तरह है।' भक्ति जितनी बढ़ती है, भक्त का आनंद उतना ही बढ़ता जाता है।
3. इंसान जैसा कपड़ों या बिना कपड़ों के रहता है, ईश्वर भी वैसे ही कभी आकार तो कभी निराकार रहता है।
4. अगर इंसान को सदा ईश्वर याद रहेगा तो वह सृष्टि निर्माण का काम नहीं करेगा। इंसान से ईश्वर को जान-बूझकर भुलवा दिया गया है ताकि सृष्टि निर्माण का कार्य जारी रहे। ईश्वर की महिमा ही ऐसी है।
5. इंसान पृथ्वी पर जितने दिन भी जिए, उसे सीखते रहना चाहिए।
6. अंतःकरण में जब भक्ति भरी हो तो मुख से वैसे ही वाक्य निकलते हैं, जैसे : रामकृष्ण परमहंस के मुख से निकलते थे कि "मुझे दाल-रोटीवाली पढ़ाई नहीं करनी है, मुझे ज्ञान और भक्तिवाली पढ़ाई करनी है।" और "माँ काली, तुमने अपने मंदिर में तो मुझे जगह दे दी, अब अपने दिल में भी थोड़ी जगह दे दे।"

7. अपना एक हाथ ईश्वर को दो और दूसरे हाथ से काम करो। जब काम समाप्त हो जाए तो दूसरा हाथ भी ईश्वर को दे दो।

8. मनुष्य जन्म मिलने के बाद भी ईश्वर के साथ हमारा तालमेल नहीं हुआ तो मनुष्य जन्म बेकार है।

9. यदि आप पागल ही बनना चाहते हैं तो सांसारिक वस्तुओं के लिए मत बनो बल्कि भगवान के प्यार में पागल बनो।

10. सत्य की बातें सुनते समय बहुत ही एकाग्र और नम्र होना चाहिए क्योंकि सत्य के माध्यम से भगवान का अहसास किया जा सकता हैं।

11. भक्ति के माध्यम से त्याग और विवेक स्वाभाविक रूप से प्राप्त हो जाते हैं।

12. बंधन तो मन का है और स्वतंत्रता भी मन की है। यदि आप कहते हैं कि 'मैं एक मुक्त आत्मा हूँ, मैं परमेश्वर का पुत्र हूँ और वे ही मुझे बाँध सकते हैं,' तो आप निश्चय ही स्वतंत्र हो जाएँगे।

13. भगवान के अनेक नाम हैं और उन्हें अनेक तरीक़ों से प्राप्त किया जा सकता हैं, आप उसे किस नाम से पुकारते हैं और किस तरह से उनकी पूजा करते हैं यह बात मायने नहीं रखती बल्कि महत्त्वपूर्ण यह हैं कि आप उसे अपने अंदर कितना महसूस करते हैं।

14. जिस प्रकार किरायेदार घर का उपयोग करने के लिए उसका किराया देता है, उसी प्रकार रोग के रूप में आत्मा, शरीर को प्राप्त करने के लिए किराया देती है।

15. संसार के चारों कोनों में यात्रा कीजिए, लेकिन फिर भी आपको कहीं भी कुछ भी नहीं मिलेगा। जो आप प्राप्त करना चाहते हैं वह तो यहीं आपके अंदर विराजमान है।

16. बिना सत्य बोले तो भगवान को प्राप्त ही नहीं किया जा सकता, क्योंकि सत्य ही भगवान है।

17. शर्म, घृणा और भय – जिस इंसान में ये तीनों चीज़ें हैं, वह कभी भी भगवान को प्राप्त नहीं कर सकता या भगवान की दृष्टि उस पर नहीं पड़ सकती।

18. मैं आपको एक सत्य बताता हूँ, आप इस दुनिया में हैं इसमें कुछ भी ग़लत नहीं हैं परन्तु आपको अपना ध्यान भगवान की ओर लगाना चाहिए, नहीं तो आप सफल नहीं हो पाओगे। एक हाथ से अपने कर्तव्य का निर्वाह करो और दूसरे हाथ से भगवान की भक्ति करते रहो, जब आपकी ड्यूटी ख़तम हो जाएगी तो आप अपने दोनों हाथों से भगवान की भक्ति कर पाओगे।

19. वह मनुष्य व्यर्थ ही पैदा होता है, जो बहुत ही कठिनाइयों से प्राप्त होनेवाले मनुष्य जन्म को यूँ ही गवाँ देता है और अपने पूरे जीवन में भगवान का अहसास करने की कोशिश ही नहीं करता है।

20. संसार के विषयों पर ज्ञान, सामान्य रूप से मनुष्य को ज़िद्दी बना देता है, ज्ञान का अभिमान एक बंधन है।

21. जिस मनुष्य ने ईश्वर का साक्षात्कार किया हो, वह कभी दूसरे के प्रति क्रूर नहीं बन सकता, ऐसी क्रूरता होना, ये उसकी प्रकृति के विरुद्ध की बात है। ऐसे इंसान कभी भी ग़लत क़दम नहीं उठाते और उनके मन में ग़लत विचार नहीं आते।

22. जिस प्रकार मैले दर्पण में सूरज का प्रतिबिंब नहीं पड़ता, उसी प्रकार मलिन अंत:करण में ईश्वर के प्रकाश का प्रतिबिंब नहीं पड़ सकता।

23. नाव जल में रहे, लेकिन जल नाव में नहीं रहना चाहिए। इसी प्रकार साधक जग में रहे, लेकिन जग साधक के मन में नहीं रहना चाहिए।

24. जब हवा चलने लगे तो पंखा चलाना छोड़ देना चाहिए, पर जब ईश्वर की कृपा दृष्टि होने लगे, तो प्रार्थना तपस्या नहीं छोड़नी चाहिए।

25. यदि तुम ईश्वर की दी हुई शक्तियों का सदुपयोग नहीं करोगे तो वह

अधिक नहीं देगा। इसलिए प्रयत्न आवश्यक है ईश-के योग्य बनने के लिए भी पुरुषार्थ चाहिए।

26. राजहंस दूध पी लेता है और पानी छोड़ देता है, दूसरे पक्षी ऐसा नहीं कर सकते। इसी प्रकार साधारण पुरुष मोह के जाल में फँसकर परमात्मा को नहीं देख सकता। केवल परमहंस जैसा मनुष्य ही माया को छोड़कर परमात्मा के दर्शन पाकर देवी सुख का अनुभव करते हैं।

27. कर्म के लिए भक्ति का आधार होना आवश्यक है।

28. पानी और उसका बुलबुला एक ही चीज़ है, उसी प्रकार जीवात्मा और परमात्मा एक ही चीज़ है। अंतर केवल यह है कि एक परिमित है, दूसरा अनंत है और एक परतंत्र है, दूसरा स्वतंत्र है।

29. जब तक इच्छा लेशमात्र भी विद्यमान है, तब तक ईश्वर के दर्शन नहीं हो सकते, इसलिए स्वविवेक द्वारा अपनी छोटी बड़ी इच्छाओं का त्याग कर दो।

30. एकमात्र ईश्वर ही विश्व का पथ प्रदर्शक और गुरु है।

31. जिसने आध्यात्मिक ज्ञान प्राप्त कर लिया, उस पर काम और लोभ का विष नहीं चढ़ता।

32. जीवन का ध्येय केवल धन अर्जित करना नहीं होना चाहिए, बल्कि भगवान की सेवा होनी चाहिए।

33. बिना किसी स्वार्थ के काम करने वाले आदमी, वास्तव में ख़ुद के लिए हमेशा अच्छा करता है।

34. एक आदमी एक दीपक की रोशनी से भी भागवत पढ़ सकता है, और एक ओर बहुत प्रकाश में भी कोई जालसाजी कर सकता है। इन सबसे दीपक अप्रभावित रहता है। सूरज दुष्ट और गुणी इंसान के लिए प्रकाश में कोई अंतर नहीं लाता और दोनों पर समान प्रकाश डालता है।

35. तुम प्रकाश अथवा रोशनी की प्राप्ति तब ही कर सकते हो, जब तुम उसकी तलाश में हो और ये तलाश बिलकुल वैसी ही होनी चाहिए, जैसे कि बालों में आग लगा हुआ इंसान तालाब की तलाश में होता है।

36. भगवान से प्रार्थना करो कि धन, नाम, आराम जैसी अस्थायी चीज़ों के प्रति लगाव हर दिन अपने आप कम होता चला जाए।

37. कस्तूरी मृग उस गंध के स्रोत को पूरी दुनिया भर में खोजता है, जो कि स्वयं उसमें से आती है।

38. अपने विचारों में ईमानदार रहें, समझदार बनें, अपने विचारों के अनुसार कार्य करें तो आप निश्चित रूप से सफल होंगे। ईमानदार और सरल हृदय के साथ प्रार्थना करो, आपकी प्रार्थना सुनी जाएगी।

यह पुस्तक पढ़ने के बाद अपना अभिप्राय (विचार सेवा) इस पते पर भेज सकते हैं : Tej Gyan Global Foundation, Pimpri Colony Post office, P.O. Box 25, Pune - 411 017. Maharashtra (India).

परिशिष्ट

सरश्री

अल्प परिचय

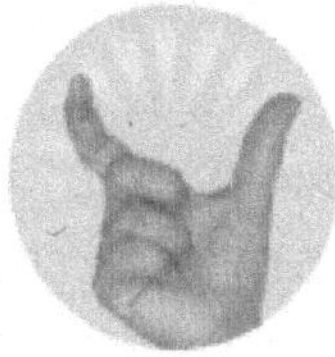

स्वीकार मंत्र मुद्रा

सरश्री की आध्यात्मिक खोज का सफ़र उनके बचपन से प्रारंभ हो गया था। इस खोज के दौरान उन्होंने अनेक प्रकार की पुस्तकों का अध्ययन किया। इसके साथ ही अपने आध्यात्मिक अनुसंधान के दौरान अनेक ध्यान पद्धतियों का अभ्यास किया। उनकी इसी खोज ने उन्हें कई वैचारिक और शैक्षणिक संस्थानों की ओर बढ़ाया। इसके बावजूद भी वे अंतिम सत्य से दूर रहे।

उन्होंने अपने तत्कालीन अध्यापन कार्य को भी विराम लगाया ताकि वे अपना अधिक से अधिक समय सत्य की खोज में लगा सकें। जीवन का रहस्य समझने के लिए उन्होंने एक लंबी अवधि तक मनन करते हुए अपनी खोज जारी रखी। जिसके अंत में उन्हें आत्मबोध प्राप्त हुआ। आत्मसाक्षात्कार के बाद उन्होंने जाना कि अध्यात्म का हर मार्ग जिस कड़ी से जुड़ा है वह है- समझ (अंडरस्टैण्डिंग)।

सरश्री कहते हैं कि 'सत्य के सभी मार्गों की शुरुआत अलग-अलग प्रकार से होती है लेकिन सभी के अंत में एक ही समझ प्राप्त होती है। "समझ" ही सब कुछ है और यह "समझ" अपने आपमें पूर्ण है। आध्यात्मिक ज्ञान प्राप्ति के लिए इस "समझ" का श्रवण ही पर्याप्त है।'

सरश्री ने ढाई हज़ार से अधिक प्रवचन दिए हैं और सौ से अधिक पुस्तकों की रचना की हैं। ये पुस्तकें दस से अधिक भाषाओं में अनुवादित की जा चुकी हैं और प्रमुख प्रकाशकों द्वारा प्रकाशित की गई हैं, जैसे : मंजुल पब्लिशिंग हाउस, पेंगुइन बुक्स, हे हाउस पब्लिशर्स, जैको बुक्स, हिंद पॉकेट बुक्स, प्रभात प्रकाशन, राजपाल ऐंड सन्स इत्यादि।

तेजज्ञान फ़ाउण्डेशन – परिचय

तेजज्ञान फ़ाउण्डेशन आत्मविकास से आत्मसाक्षात्कार प्राप्त करने का एक रास्ता है। इसके लिए सरश्री द्वारा एक अनूठी बोध पद्धति (System for Wisdom) का सृजन हुआ है। इस पद्धति को अन्तर्राष्ट्रीय मानक ISO 9001: 2008 के आवश्यकताओं एवं निर्देशों के अनुरूप ढालकर सरल, व्यावहारिक एवं प्रभावी बनाया गया है।

इस संस्था की बोध पद्धति के विभिन्न पहलुओं (शिक्षण, निरीक्षण व गुणवत्ता) को स्वतंत्र गुणवत्ता परीक्षकों (Quality Auditors) द्वारा क्रमबद्ध तरीक़े से जाँचा गया। जिसके बाद इन पहलुओं को ISO 9001:2008 के अनुरूप पाकर, इस बोध पद्धति को प्रमाणित किया गया है।

फ़ाउण्डेशन का लक्ष्य आपको नकारात्मक विचार से सकारात्मक विचार की ओर बढ़ाना है। सकारात्मक विचार से शुभ विचार यानी हॅपी थॉट्स (विधायक आनंदपूर्ण विचार) और शुभ विचार से निर्विचार की ओर बढ़ा जा सकता है। निर्विचार से ही आत्मसाक्षात्कार संभव है। शुभ विचार (Happy Thoughts) यानी यह विचार कि 'मैं हर विचार से मुक्त हो जाऊँ।' शुभ इच्छा यानी यह इच्छा कि 'मैं हर इच्छा से मुक्त हो जाऊँ।'

ज्ञान का अर्थ है सामान्य ज्ञान लेकिन तेजज्ञान यानी वह ज्ञान जो ज्ञान व अज्ञान के परे है। कई लोग सामान्य ज्ञान की जानकारी को ही ज्ञान समझ लेते हैं लेकिन असली ज्ञान और जानकारी में बहुत अंतर है। आज लोग सामान्य ज्ञान के जवाबों को ज़्यादा महत्त्व देते हैं। उदाहरण के तौर पर – कर्म और भाग्य, योग और प्राणायाम, स्वर्ग और नर्क इत्यादि। आज के युग में सामान्य ज्ञान प्रदान करनेवाले लोग और शिक्षक कई मिल जाएँगे मगर इस ज्ञान को पाकर जीवन में कोई बड़ा परिवर्तन नहीं होता। यह ज्ञान या तो केवल बुद्धि विलास है या फिर अध्यात्म के नाम पर बुद्धि का व्यायाम है।

सभी समस्याओं का समाधान है तेजज्ञान। भय से मुक्ति, चिंतारहित व क्रोध से आज़ाद जीवन है तेजज्ञान। शारीरिक, मानसिक, सामाजिक, आर्थिक और आध्यात्मिक उन्नति के लिए है तेजज्ञान। तेजज्ञान आपके अंदर है, आएँ और इसे पाएँ।

यदि आप ऐसा ज्ञान चाहते हैं, जो सामान्य ज्ञान के परे हो, जो हर समस्या का समाधान हो, जो सभी मान्यताओं से आपको मुक्त करे, जो आपको ईश्वर का साक्षात्कार कराए, जो आपको सत्य पर स्थापित करे तो समय आ गया है तेजज्ञान को जानने का। समय आ गया है शब्दोंवाले सामान्य ज्ञान से उठकर तेजज्ञान का अनुभव करने का।

अब तक अध्यात्म के अनेक मार्ग बताए गए हैं। जैसे : जप, तप, मंत्र, तंत्र, कर्म, भाग्य, ध्यान, ज्ञान, योग और भक्ति आदि। इन मार्गों के अंत में जो समझ, जो बोध प्राप्त होता है, वह एक ही है। सत्य के हर खोजी को अंत में एक ही समझ मिलती है और इस समझ को सुनकर भी प्राप्त किया जा सकता है। उसी समझ को सुनना यानी तेजज्ञान प्राप्त करना है। तेजज्ञान के श्रवण से सत्य का साक्षात्कार होता है, ईश्वर का अनुभव होता है। यही तेजज्ञान सरश्री महाआसमानी शिविर में प्रदान करते हैं।

महाआसमानी शिविर (निवासी)

क्या आपको उच्चतम आनंद पाने की इच्छा है? ऐसा आनंद, जो किसी कारण पर निर्भर नहीं है, जिसमें समय के साथ केवल बढ़ोतरी ही होती है। क्या आप इसी जीवन में प्रेम, विश्वास, शांति, समृद्धि और परम संतुष्टि पाना चाहते हैं? क्या आप शारीरिक, मानसिक, सामाजिक, आर्थिक और आध्यात्मिक इन सभी स्तरों पर सफलता हासिल करना चाहते हैं? क्या आप 'मैं कौन हूँ' इस सवाल का जवाब अनुभव से जानना चाहते हैं।

यदि आपके अंदर इन सवालों के जवाब जानने की और 'अंतिम सत्य' प्राप्त करने की प्यास जगी है तो तेजज्ञान फ़ाउण्डेशन द्वारा आयोजित 'महाआसमानी शिविर' में आपका स्वागत है। यह शिविर पूर्णतः सरश्री की शिक्षाओं पर आधारित है। सरश्री आज के युग के आध्यात्मिक गुरु और 'तेजज्ञान फ़ाउण्डेशन' के संस्थापक हैं, जो अत्यंत सरलता से आज की लोकभाषा में आध्यात्मिक समझ प्रदान करते हैं।

महाआसमानी शिविर का उद्देश्य :

इस शिविर का उद्देश्य है, 'विश्व का हर इंसान 'मैं कौन हूँ' इस सवाल का जवाब जानकर सर्वोच्च आनंद में स्थापित हो जाए।' उसे ऐसा ज्ञान मिले, जिससे वह हर पल वर्तमान में जीने की कला प्राप्त करे। भूतकाल का बोझ और भविष्य की चिंता इन दोनों से वह मुक्त हो जाए। हर इंसान के जीवन में स्थायी ख़ुशी, सही समझ और समस्याओं को विलीन करने की कला आ जाए। मनुष्य जीवन का उद्देश्य पूर्ण हो।

'मैं कौन हूँ? मैं यहाँ क्यों हूँ? मोक्ष का अर्थ क्या है? क्या इसी जन्म में मोक्ष प्राप्ति संभव है?' यदि ये सवाल आपके अंदर हैं तो महाआसमानी शिविर इसका जवाब है।

महाआसमानी शिविर के मुख्य लाभ :

इस शिविर के लाभ तो अनगिनत हैं मगर कुछ मुख्य लाभ इस प्रकार हैं -

* जीवन में दमदार लक्ष्य प्राप्त होता है।
* 'मैं कौन हूँ' यह अनुभव से जानना (सेल्फ़ रियलाइजेशन) होता है।
* मन के सभी विकार विलीन होते हैं।
* भय, चिंता, क्रोध, बोरडम, मोह, तनाव जैसी कई नकारात्मक बातों से मुक्ति मिलती है।
* प्रेम, आनंद, मौन, समृद्धि, संतुष्टि, विश्वास जैसे कई दिव्य गुणों से युक्ति होती है।
* सीधा, सरल और शक्तिशाली जीवन प्राप्त होता है।
* हर समस्या का समाधान प्राप्त करने की कला मिलती है।
* 'हर पल वर्तमान में जीना' यह आपका स्वभाव बन जाता है।
* आपके अंदर छिपी सभी संभावनाएँ खुल जाती हैं।
* इसी जीवन में मोक्ष (मुक्ति) प्राप्त होता है।

महाआसमानी शिविर में भाग कैसे लें?

इस शिविर में भाग लेने के लिए आपको कुछ ख़ास माँगें पूरी करनी होती हैं। जैसे -

1. आपकी उम्र कम से कम अठारह साल या उससे ऊपर होनी चाहिए।
2. आपको सत्य स्थापना शिविर (फ़ाउण्डेशन ट्रुथ रिट्रीट) में भाग लेना होगा, जहाँ आप सीखेंगे - वर्तमान के हर पल को कैसे जीया जाए और निर्विचार दशा में कैसे प्रवेश पाएँ।
3. आपको कुछ प्राथमिक प्रवचनों में उपस्थित होना है, जहाँ आप बुनियादी समझ आत्मसात कर, महाआसमानी शिविर के लिए तैयार होते हैं।

यह शिविर साल में तीन या चार बार आयोजित होता है, जिसका लाभ हज़ारों खोजी उठाते हैं। इस शिविर की तैयारी इन स्थानों पर कराई जाती है: पुणे, मुंबई, दिल्ली, सांगली, सातारा, जलगाँव, अहमदाबाद, कोल्हापुर, नासिक, अहमदनगर, औरंगाबाद, सूरत, वडोदरा, नागपुर, भोपाल, रायपुर, चेन्नई, वर्धा, अमरावती, चंद्रपुर, यवतमाल, रत्नागिरी, लातूर, बीड, नांदेड, परभणी, पनवेल, ठाणे, सोलापुर, पंढरपुर, अकोला, बुलढाणा, धुले, भुसावल, बेंगलुरु, बेलगाम, धारवाड, भुवनेश्वर, कोलकाता, राँची, लखनऊ, कानपुर, चंडीगढ़, जयपुर, पणजी, म्हापसा, इंदौर, इटारसी, हरदा, विदिशा, बुरहानपुर।

आप महाआसमानी की तैयारी फ़ाउण्डेशन में उपलब्ध सरश्री द्वारा रचित पुस्तकों, सी.डी. और कैसेटस् सुनकर कर सकते हैं। इसके अलावा आप टी.वी., रेडियो और यू ट्यूब पर सरश्री के प्रवचनों का लाभ भी ले सकते हैं मगर याद रहे, ये पुस्तकें, कैसेट, टी.वी., रेडियो और यू ट्यूब के प्रवचन शिविर का परिचय मात्र है, तेजज्ञान नहीं। आप महाआसमानी शिविर में भाग लेकर ही तेजज्ञान का आनंद ले सकते हैं। आगामी महाआसमानी शिविर में अपना स्थान आरक्षित करने के लिए संपर्क करें : 09921008060/75, 9011013208

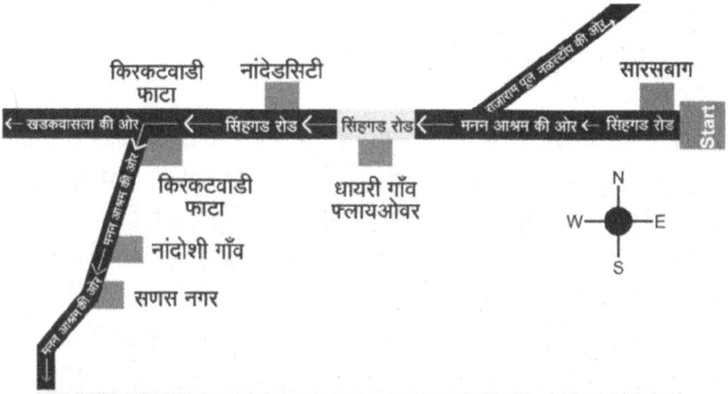

जीज़स

आत्मबलिदान का मसीहा

Pages - 200

Price - 100/-

सत्य की शिक्षाएँ उच्च चेतना से निकलती हैं, जो सभी को जाननी चाहिए। इसलिए धर्म चाहे कोई भी हो, जीज़स की शिक्षाओं से हर कोई प्रेरणा प्राप्त कर सकता है। मुक्तिदाता जीज़स की जीवनी और शिक्षाएँ तो कई बार प्रकाशित हो चुकी हैं परंतु इस पुस्तक द्वारा आप जीज़स के जीवन और उनकी शिक्षाओं का गहरा अर्थ समझेंगे। जीज़स द्वारा कही गई कई पंक्तियाँ लोगों को विरोधाभासी लगती हैं। इस पुस्तक द्वारा उन पंक्तियों का गहरा अर्थ समझेंगे तो आप जीज़स की शिक्षाओं की सराहना ही करेंगे।

चेतना की उच्चतम अवस्था में स्थित जीज़स ने स्पष्ट शब्दों में कहा, 'तुम्हें जो भी मिलेगा, तुम्हारे विश्वास अनुसार ही मिलेगा।' आज लोग प्रार्थनाएँ तो कर रहे हैं परंतु उनके साथ क्रियावी विश्वास जोड़ना भूल गए हैं, जिस वजह से योग्य परिणाम नहीं मिल रहे। संपूर्ण प्रार्थना का यह रहस्य इस पुस्तक में विस्तार से समझाया गया है। सूली पर चमत्कार न दिखाकर जीज़स ने अपने आत्मबल का प्रदर्शन किया। जिसे लोग समझ नहीं पाए। हमारे जीवन में भी ऐसी कई घटनाएँ होती हैं, जहाँ हमारे आत्मबल की परीक्षा ली जाती है। पर अफ़सोस हम कई बार हार मान लेते हैं। जीज़स के जीवन से आत्मबल का बेहतरीन सबक़ हम सीख सकते हैं, जिसे 'आत्मबलिदान के मसीहा जीज़स' में विस्तार से दर्शाया गया है। जीज़स ने अपनी शक्तियों का प्रयोग स्वयं को बचाने के लिए नहीं किया बल्कि दूसरों का दुःख दूर करने के लिए किया। इससे हमारे अंदर यह होश जाग्रत होना चाहिए कि 'मैं किस चीज़ को अधिक महत्त्व देता हूँ? शक्ति आने के साथ कहीं मेरा लक्ष्य बदल तो नहीं गया है? क्या मैं अब भी उसी दिशा में प्रार्थना कर रहा हूँ, जिस लक्ष्य को लेकर मैं चला था?' ऐसे सवाल हमें जाग्रत रखते हैं। जीज़स के जीवन द्वारा सीखने योग्य ऐसे कई बेहतरीन सबक़ हैं, जो हम सबके लिए प्रेरणा बन सकते हैं। आइए इस पुस्तक का ज्ञान, समझ और प्रेरणा प्राप्त करें।

सद्‌गुरु नानक

साधना रहस्य और जीवन चरित्र

Pages - 182

Price - 100/-

गुरु नानक का संपूर्ण जीवन ही ईश्वर की सराहना था, उसकी अभिव्यक्ति था। उनके जीवन की हर घटना यह बताती है कि किस प्रकार उन्होंने हुकुम के साथ कार्य किया। लोग आज भी उनकी शिक्षाओं का लाभ ले रहे हैं और उनके बताए मार्ग पर चल रहे हैं। उनका जीवन उन लोगों के लिए प्रेरणा है जो प्रभु के हुकुम पर चलना तो चाहते हैं परंतु हिम्मत नहीं कर पाते। गुरु नानक एक ऐसे ही महान संत हैं, जिन्होंने उस वक़्त के कर्मकाण्डों पर अपनी वाणी से कड़ा प्रहार किया। उन्होंने सरल भाषा में ज्ञान का प्रचार कर, लोगों को मोक्ष की ओर बढ़ने के लिए प्रेरित किया, जिसका लाभ आज तक लिया जा रहा है और आगे भी लिया जाएगा।

गुरु नानकजी ने अपने जीवनकाल में कई यात्राएँ कीं। उन्होंने ये यात्राएँ क्यों कीं? इन यात्राओं में उन्हें क्या-क्या दिक़्क़तें आईं? उनके गृहस्थ जीवन का मक़सद क्या था? क़रीब 500 साल पुराने उस दौर में लोग किस तरह के वातावरण में जी रहे थे? ऐसी कई गूढ़ बातों को प्रस्तुत पुस्तक के ज़रिए समझाने का प्रयास किया गया है। यह पुस्तक आपको हुकुम साधना करने का तरीक़ा सिखाएगी। इसे पढ़कर आप गुरु नानकजी की जीवनी, कहानियाँ और सिखावनियों का अध्ययन कर, ख़ुशी का ख़ज़ाना प्राप्त कर सकते हैं।

बेस्ट सेलर पुस्तक 'विचार नियम' शृंखला के रचनाकार सरश्री द्वारा सत्य संदेश का लाभ लें

संस्कार चैनल

सोमवार से शनिवार शाम 6:35 से 6:55

और रविवार शाम 8:10 से 8:30

www.youtube.com/user/tejgyan

For online shopping visit us - www.tejgyan.org
www.gethappythoughts.org

आप इस youtube की लिंक से सरश्री के प्रवचनों का लाभ ले सकते हैं।

हर मंगलवार, शुक्रवार, शनिवार, रविवार सुबह 9:15 रेडियो विविध भारती, एफ़. एम. पुणे पर 'तेजविकास मंत्र'

हर शनिवार सुबह 8:55 रेडियो एम. डब्ल्यू. पुणे, तेजज्ञान इनर पीस ऐंड ब्यूटी कार्यक्रम

नोट : इन कार्यक्रमों का समय बदल सकता है इसलिए समय की पुष्टि करें।

तेजज्ञान इंटरनेट रेडियो

24 घंटे और 365 दिन सरश्री के प्रवचन और भजनों का लाभ लें, तेजज्ञान इंटरनेट रेडियो द्वारा। देखें लिंक :

http://www.tejgyan.org/internetradio.aspx

तेजज्ञान फ़ाउण्डेशन – मुख्य शाखाएँ

पुणे (रजिस्टर्ड ऑफ़िस)

विक्रांत कॉम्प्लेक्स, तपोवन मंदिर के नज़दीक,
पिंपरी, पुणे–411 017.
फ़ोन : 020-27411240, 27412576

मनन आश्रम

सर्वे नं. 43, सनस नगर, नांदोशी गाँव,
किरकटवाडी फ़ाटा, तहसील – हवेली,
जिला – पुणे – 411 024. फ़ोन : 09921008060

e-books

• *The Source,* • *Complete Meditation,* • *Ultimate Purpose of Success,* • *Enlightenment,* • *Inner Magic,* • *Celebrating Relationships,* • *Essence of Devotion,* • *Master of Siddhartha,* • *Self Encounter,* • and many more e-books available.

Free apps

U R Meditation & Tejgyan Internet Radio on all platforms like Android, iPhone, iPad and Amazon

e-magazine

'Yogya Aarogya' & 'Drushtilakshya'
emagazines available on www.magzter.com

e-mail

mail@tejgyan.com

website

www.tejgyan.org, www.gethappythoughts.org

– नम्र निवेदन –

विश्व शांति के लिए लाखों लोग प्रतिदिन
सुबह और रात 9 बजकर 9 मिनट पर प्रार्थना करते हैं।
कृपया आप भी इसमें शामिल हो जाएँ।